# Cambridge Plain Texts

# MONTALEMBERT

## DE L'AVENIR POLITIQUE
## DE L'ANGLETERRE

T0346126

# MONTALEMBERT

## DE L'AVENIR POLITIQUE
## DE L'ANGLETERRE

CAMBRIDGE
AT THE UNIVERSITY PRESS
1922

CAMBRIDGE UNIVERSITY PRESS
Cambridge, New York, Melbourne, Madrid, Cape Town,
Singapore, São Paulo, Delhi, Mexico City

Cambridge University Press
The Edinburgh Building, Cambridge CB2 8RU, UK

Published in the United States of America by Cambridge University Press, New York

www.cambridge.org
Information on this title: www.cambridge.org/9781107649361

First published 1922
Re-issued 2013

*A catalogue record for this publication is available from the British Library*

ISBN 978-1-107-64936-1 Paperback

# CONTENTS

PAGE

I POSITION DE LA QUESTION . . . 1

II CE QUI TROMPE PLUSIEURS D'ENTRE
CEUX QUI JUGENT L'ANGLETERRE . 14

III LES DEUX DÉMOCRATIES . . . 19

IV DE LA DÉMOCRATIE EN ANGLETERRE 23

V PRINCIPAL MOTIF DE SE RASSURER . 30

VI CE QU'IL RESTE D'ARISTOCRATIE EN
ANGLETERRE . . . . . . 33

VII DE LA LIBERTÉ DE TESTER . . . 57

IX LE PARLEMENT . . . . . . 66

XI LES ÉCOLES ET LES UNIVERSITÉS . 77

XIX CONCLUSION . . . . . . 91

# NOTE

CHARLES-RENÉ-FORBES, Comte de Montalembert, Pair de France, Membre de l'Académie Française, Député du Doubs, un des plus grands orateurs de la France, né en 1810, mourut en 1870. Défenseur de l'Église Catholique et des idées libérales—"La liberté!...elle a été l'idole de mon âme"—il fut un des promoteurs de la loi Falloux sur la liberté d'enseignement (1850). Ses principaux ouvrages sont *La Vie de Ste Élisabeth, Le Père Lacordaire, Les Moines d'Occident.*

Plus d'un lien unissait mon arrière-grand-père à l'empire britannique. Si ses ancêtres paternels, tous gens d'épée, étaient originaires du Poitou, sa mère Eliza Forbes était fille de Mr James Forbes, dont la famille était d'origine écossaise. Mr Forbes, l'auteur des *Oriental Memoirs*, membre de la Société Royale de Londres, dirigea avec tendresse l'éducation de Montalembert jusqu'à l'âge de neuf ans.

Après avoir terminé ses études en France Montalembert visita l'Irlande (1830). Ses articles dans *L'Avenir* sur ce voyage furent appréciés entre autres par Vigny et Hugo; une souscription ouverte ensuite rapporta 80,000 fr. pour le soulagement de la famine en Irlande. Montalembert fut ravi de la grandeur mélancolique du paysage; ses conversations avec les paysans Irlandais l'enchantèrent: "J'ai rarement rencontré tant de sincérité dans la foi, de poésie dans le langage." Le clergé le remplit d'admiration, particulièrement Mgr Doyle et Mgr Murray. Sa première entrevue avec O'Connell le déçut; toutefois il lui rendit bientôt justice, et quand O'Connell mourant traversa Paris (1842) Montalembert alla rendre hommage à "l'homme qui de nos jours a le plus fait pour la liberté."

Pendant un voyage à Londres (1835) Montalembert entra en relations avec Gladstone, puis séjourna en Yorkshire chez Mr A. Lisle Philipps, jeune catholique converti; de là il écrit à Mme de Montalembert son enthousiasme pour ce pays "où on peut tout faire pour l'art, la vérité, pour le peuple...où tout parle du passé et encourage par conséquent à croire en l'avenir." Par contre l'état misérable de la population dans les villes industrielles le remplit d'une "triple horreur." En 1855 Montalembert s'entretint avec Aberdeen, Canning, Brougham, Lyndhurst, Palmerston, Macaulay, Manning. Il trouve Palmerston "infiniment agréable et d'une jeunesse incompréhensible" malgré que sa politique lui répugne. La même année il visita Cambridge et Eton. Accompagné de Gladstone il jouit à Oxford de "l'accueil charmant" de Hope-Scott et de Pusey et fut reçu docteur ès lois en même temps que Tennyson et les généraux de l'armée de Crimée. A son retour il écrivit *De l'Avenir politique de l'Angleterre*; cet ouvrage, dont la majeure partie est rééditée ici, exprime l'estime qu'il professa toute sa vie pour les institutions anglaises. Montalembert apprit aussi à connaître et à aimer l'Écosse (1862), en explorant les restes des monastères Anglo-Saxons avec l'aide des "aimables savants d'Édimbourg, Robertson et Simpson." Au retour, il s'arrêta pour son dernier séjour en Angleterre à Arundel en souvenir du fidèle ami de toute son existence, le duc de Norfolk, mort deux ans avant.

P. DE LALLEMAND.

*Février*, 1922.

# I

## POSITION DE LA QUESTION

QUE va devenir l'Angleterre? se demande-t-on partout sur le continent. En Angleterre même, la question doit se poser au fond de plus d'un cœur. Mais en dehors des préoccupations de la politique contemporaine ou du patriotisme alarmé, et pour le petit nombre de ceux qui professent encore le culte de la liberté et de la dignité humaine, il n'y a pas, à l'heure qu'il est, de problème plus vital que celui des destinées prochaines de l'Angleterre.

Nul ne peut se le dissimuler, il s'est formé de par le monde une opinion défavorable à la sécurité de cette grande nation, à la durée de ses glorieuses institutions, et même à sa moralité politique. La confiance sans bornes, l'envie trop légitime, l'admiration passionnée qu'elle inspirait depuis un siècle aux esprits éclairés, aux âmes généreuses, ont fait place peu à peu à des sentiments très différents. Pendant que les anciens et fidèles partisans de l'Angleterre et de tout ce qu'elle représente dans le monde en sont encore à la défiance ou à l'appréhension, ses adversaires, en nombre toujours grossissant, appellent et saluent d'avance la chute de la vieille Angleterre. Là comme ailleurs, absolutistes et démocrates s'entendent au fond, pour former les mêmes vœux, applaudir à la même catastrophe. L'Angleterre a trop longtemps confondu les uns et les autres. Elle a donné un trop éclatant démenti à la fausse logique, à la fausse science et aux passions implacables des esprits absolus ; sa force toujours croissante, sa liberté sans bornes, sa prospérité sans rivale fournissent de trop formidables arguments à la fois contre la démagogie socialiste qui veut tout passer au crible d'une égalité sauvage, et contre cette théorie monarchique qui ne sait préserver les peuples du désordre et de la terreur qu'en les refoulant dans le silence et le néant.

Elle a trop orgueilleusement offert aux honnêtes gens son exemple comme un refuge contre cette honteuse alternative. Depuis l'avortement ou l'abdication du libéralisme continental, elle est désormais seule au monde. Partout s'exhale la secrète impatience de ceux qui se disent : Quand donc le monde sera-t-il débarrassé de ce cauchemar ? Qui nous délivrera de ce nid d'aristocrates opiniâtres et de libéraux attardés ? Quand brisera-t-on l'orgueil de ce peuple qui brave les lois de la logique, qui a l'audace de croire en même temps à la tradition et au progrès, de maintenir la royauté et de pratiquer la liberté, de repousser la révolution et d'échapper au despotisme ?

Cette impatiente attente du mal d'autrui trouve des organes bien divers. Elle possède à la fois les avocats de la police qui se pratique à Naples, et les panégyristes des spoliations qui se commettent à Madrid. Elle a inspiré à M. Ledru-Rollin son livre sur la *Décadence de l'Angleterre*. Elle enflamme le zèle de tous ces écrivains absolutistes qui entremêlent chaque jour à leurs prophéties funèbres de lourds sarcasmes contre les mœurs et les institutions britanniques.

Tout homme qui a encore quelque souci de l'avenir des idées généreuses et des principes libéraux en

Europe doit se demander si ces prédictions sont fondées; si l'Angleterre pourra échapper aux dangers qui la menacent, survivre seule au naufrage, sortir triomphante de l'épreuve, ou bien si le jour approche où le chœur des courtisans et des démagogues, des esprits fanatiques et des âmes serviles, des partis ruinés et des nations abâtardies du continent pourra crier de loin à ce grand peuple vaincu: *Et tu vulneratus es sicut et nos: nostri similis effectus es.... Quomodo cecidisti de cœlo, Lucifer, qui vulnerabas gentes?* (Isaïe, XIV, 10, 12).

Je n'oublie pas qu'en dehors des passions ainsi liguées contre elle, d'autres hommes aussi ont pu, non pas désirer sa ruine, mais lui imputer des griefs trop légitimes, mais douter, comme elle semblait douter elle-même, de sa force et désespérer de sa fidélité aux lois de son histoire. Oui, aux yeux des vrais amis de la liberté, de ceux qui refusent de confondre sa cause avec celle de la révolution et de cette démocratie qui appelle et accepte le niveau du despotisme, l'Angleterre n'est certes pas sans reproche, et le moment peut paraître mal choisi pour faire son apologie. L'insupportable arrogance de la diplomatie anglaise envers les faibles et de la presse anglaise envers tout le monde, a soulevé la juste indignation d'une foule d'honnêtes gens. Bien plus, l'action aggressive et dissolvante de la puissance britannique à l'encontre du droit et de la foi des peuples catholiques en Suisse et dans le midi de l'Europe, mérite la réprobation de tout chrétien sincère, et, si je ne devais me borner strictement dans cette étude à la question politique, m'obligerait à renouveler ici les protestations que j'ai fait entendre ailleurs contre cette lamentable aberration d'une race si naturellement religieuse. Enfin, depuis quelques années, l'Angleterre a tellement varié dans son attitude, elle a passé si brusquement des excès de l'invective aux excès de l'adulation, elle a tant oublié, tant dissimulé, tant sacrifié le droit et la liberté à son ambition, à ses craintes, à ses intérêts ! elle semblait abdiquer si complétement l'honneur de ses institutions libres devant la force du principe contraire ! Ç'a été le coup de grâce pour plus d'un noble cœur parmi nous !

Mais dans la vie politique, sous peine de devenir le complice de sa propre ruine et de rendre sa défaite irréparable, il ne faut s'abandonner ni au dépit, ni au découragement. Il ne le faut pas surtout quand il s'agit de juger une nation qui a, comme la France elle-même, d'incompréhensibles et soudaines défaillances et des revirements plus brusques encore. Il ne faut pas oublier ce qu'elle a été pendant deux siècles, ce qu'elle peut redevenir, ce qu'elle redeviendra certainement. Car entre elle et nous, entre elle et ceux qui veulent conquérir et mériter la jouissance de la liberté réglée dont elle a le monopole, il ne peut y avoir que des malentendus, et point de rupture permanente. Nous avons au fond les mêmes besoins, les mêmes devoirs, les mêmes ennemis. Court-elle les mêmes dangers que ceux auxquels nous avons succombé? Voilà la question, la seule que je veuille traiter.

Je me permets de répondre à ces appréhensions et à ces prophéties par un témoignage impartial et résolu. Non, l'Angleterre n'est pas encore à la veille de périr. Non, elle n'est pas dégoûtée de ses glorieuses et fécondes institutions. Non, elle n'en est pas encore tombée au point de préférer la démocratie à la liberté, et l'égalité dans la servitude à la vie, à la force, à l'indépendance qu'elle puise dans ses traditions aristocratiques. Non, elle ne suivra pas l'exemple du continent, et les ennemis de la libre parole et du *self-government*, les absolutistes et les socialistes, attendront longtemps encore le jour de son abdication et de sa ruine.

Ce n'est pas sans une certaine défiance que j'énonce cette opinion. Nous avons tous, depuis 1848, l'expérience personnelle de la vanité de nos prévisions et de la fragilité de nos arguments. Jamais peut-être Dieu ne s'est plu davantage à démentir les calculs de la sagesse humaine, et à se jouer de nos espérances. S'il est d'ailleurs toujours chanceux et téméraire de raisonner sur l'avenir d'une nation, cette difficulté existe surtout à l'égard du peuple anglais, qui n'offre aucun aspect facile à saisir du premier coup et à embrasser d'un seul regard.

Le baron de Bulow, longtemps ministre de Prusse à Londres, disait un jour à des compatriotes qui lui demandaient son avis sur le pays où il était accrédité: "Après y avoir passé trois semaines, j'étais tout prêt à écrire un livre sur l'Angleterre; après trois mois j'ai pensé que la tâche serait difficile, et maintenant que j'y ai vécu trois ans, je la trouve impossible."

L'Angleterre n'est pas un de ces parcs à allées droites et à arbres taillés, où le regard va droit devant soi à perte de vue, où tout est aligné, émondé, sablé et arrosé par ordonnance de police. C'est une forêt vigoureuse et touffue, où il y a de bons et de mauvais cantons, des pelouses charmantes et d'abominables fondrières, des chênes séculaires et des broussailles inextricables, mais où tout est spontané, robuste, naturel, et où la vie éclate et abonde de toutes parts. Seulement il faut en faire le tour, la sonder et la parcourir en tout sens et en toute saison pour s'en faire une idée. Encore ne sait-on jamais très bien si cette idée est exacte ou complète; mais ce qu'on sait, ce qu'on sent, c'est qu'il y a là un foyer de vie, de force et de beauté qui périra sans doute un jour, comme tout ce qui est humain, qui peut demain être consumé par la colère de Dieu, mais où rien n'indique encore la décadence et la mort qu'on se plaît à lui prédire.

Mais avant de chercher à justifier par quelques faits et quelques raisons l'impression que j'énonce, il me faut établir une distinction fondamentale. Je ne veux envisager dans cette étude que la situation intérieure de l'Angleterre: je n'entends ni juger, ni surtout défendre sa politique étrangère. Je maintiens, au sujet de celui qui la dirige depuis tant d'années, le jugement que j'ai porté la veille de la catastrophe de 1848. Je signalais déjà alors dans lord Palmerston, dans le champion de Pacifico en Grèce, et dans l'oppresseur des petits cantons en Suisse, le grand contempteur du droit des faibles et le grand auxiliaire de la révolution contre la liberté. Rien ne saurait mieux confirmer ce jugement que la profonde sympathie qu'il a montrée depuis lors pour des idées et des institutions dont nul avant 1848 n'eût osé rêver la possibilité. Le peuple anglais a été son trop fidèle complice. A part même de cette influence individuelle, j'abandonne à la critique des ennemis de ce peuple et ce qu'il fait et ce qu'il pense en dehors de chez lui. J'y reconnais trop manifestement le cruel et implacable égoïsme qui a caractérisé dans l'histoire tous les peuples conquérants, et plus que tout autre, ce peuple romain dont l'Angleterre reproduit si fidèlement la grandeur, la dureté, la liberté traditionnelle, la personnalité superbe et l'indomptable énergie.

Il faut seulement reconnaître que cette politique étrangère, digne de toute réprobation quand on la juge, peut sembler moins coupable quand on la compare. Que celui dont la patrie est sans reproche lui jette la première pierre! Ce ne sera ni l'Autriche ni la Prusse, qui persévèrent à prendre devant Dieu et les hommes la responsabilité du partage de la Pologne. Encore moins la Russie, dont l'insatiable et sanguinaire avidité a fini par s'attirer un châtiment tardif. Ce ne sera pas même la France, où les spoliations et les iniquités du premier empire n'ont altéré en rien le prestige de la légende napoléonienne.

Laissons donc là la politique extérieure de l'Angleterre, et ne disons un mot de sa position dans la guerre actuelle que pour signaler l'erreur de ceux qui ont cru voir un symptôme avant-coureur de sa ruine dans la désorganisation de ses services militaires en Crimée. Je conviens qu'elle-même a fait trop de bruit de ses propres désastres, et que les hommes d'État sur qui on a voulu en rejeter la responsabilité ont beaucoup trop mollement repoussé les reproches dont on les accablait. Quoi de plus simple, ce semble, que de reporter exclusivement cette responsabilité sur les événements et sur les conséquences naturelles du système que l'Angleterre avait volontairement et sciemment adopté depuis la réforme parlementaire? Sans doute le pays et le gouvernement avaient singulièrement méconnu la force de l'adversaire que l'on allait combattre sur son propre terrain. Sans doute

on y a partagé l'illusion générale que les premières
défaites des Russes par les Turcs avaient dû faire
naître; sans doute on n'avait pas compté avec le
temps, avec la distance, avec la maladie, avec les
éléments. Le génie de la prévoyance n'avait pas passé
par là: cela est évident. Mais de quel droit après tout
s'en étonner et s'en plaindre?

L'Angleterre n'a point eu, comme la France en
Algérie, cette école incomparable, où pendant vingt
ans notre armée, guidée par d'illustres généraux, en-
flammée par l'exemple de princes jeunes, intrépides
et modestes, a pu s'exercer à toutes les péripéties de
la guerre la plus laborieuse, à toutes les épreuves du
climat le plus variable; où notre admirable intendance,
sortie tout entière depuis 1835 des rangs de nos officiers,
avec leurs traditions d'honneur et de sévère probité,
a su apprendre à surmonter tous les obstacles, à com-
biner l'activité avec l'ordre, l'énergie avec l'intégrité,
sous le contrôle salutaire d'une publicité implacable.

Aucune armée au monde n'a pu entrer en campagne
avec les avantages qu'assurait à l'armée française ce
legs magnifique de la monarchie constitutionnelle.
Mais l'Angleterre pouvait se consoler de cette in-
fériorité par le souvenir de ses luttes et de ses progrès
pendant la paix. Tandis que l'un des derniers actes
du gouvernement parlementaire en France, avant
1848, avait été le vote d'une somme de 100 millions
pour approvisionner nos arsenaux maritimes, et rendre
ainsi possibles les armements extraordinaires qui ont
eu lieu depuis, l'Angleterre avait obstinément et
systématiquement réduit tout son établissement militaire, ses arsenaux, son artillerie, ses cadres, ses dépôts
au-dessous du niveau que l'expérience du passé et la

grande autorité du duc de Wellington lui conseillaient de respecter. Mais c'était pour se livrer sans réserve aux immenses développements d'une politique nouvelle, féconde en séductions et en résultats incalculables. C'était pour émanciper les noirs de ses colonies, au prix d'une rançon de cinq cents millions payés par la métropole. C'était pour abroger les lois sur les céréales et réaliser, plus qu'on ne l'avait encore fait ni tenté en aucun pays, la vie à bon marché. C'était pour supprimer ou réduire d'innombrables impôts sur toutes les nécessités et tous les agréments de la vie. C'était pour diminuer sa dette nationale, tandis que tous les pays du continent augmentaient la leur. Voilà à quoi ont passé les ressources et les économies du budget anglais depuis 1814. On pouvait, certes, trouver dans ces glorieuses conquêtes de la paix de quoi se consoler des mécomptes d'une première campagne, entreprise avec irréflexion et imprévoyance, mais qui n'en a pas moins servi à démontrer la solidité et la patience, la discipline et l'inébranlable courage des troupes britanniques.

Presque toujours d'ailleurs les premiers efforts de l'Angleterre dans les guerres continentales ont été malheureux. Elle n'y a jamais vu qu'un motif de persévérer avec acharnement dans la tâche commencée. Excepté sur mer, l'histoire de sa lutte prodigieuse contre la Révolution et l'Empire n'offre qu'une longue série de revers, jusqu'à ce que le génie du duc de Wellington vienne enfin couronner son indomptable constance. C'est pour ne pas s'être laissé décourager par les pitoyables campagnes du duc d'York en 1794 et 1799, ou par la retraite désastreuse de sir John Moore en 1808, qu'il lui fut donné de triompher enfin

du plus grand capitaine des temps modernes. Quelle
que soit la fortune de la guerre actuelle, on peut
être assuré que le peuple anglais y mettra toute
l'énergie, toute la persévérance que comportent son
histoire et son caractère national, et de plus toute
l'ardeur que développe la pratique des institutions
libres. Il fera voir encore une fois, comme de 1792
à 1814, que la discussion, la critique, la publicité la
plus illimitée, l'intervention quotidienne de la presse
et de la tribune, l'usage et même l'abus de tous les
droits n'ôtent rien, chez un peuple vraiment digne
d'être libre, à l'élasticité, à la vigueur, à la constance
qui sont les conditions et les garanties de la victoire.

Il ne faut pas d'ailleurs grossir le mal actuel, ni se
laisser duper par les exagérations que dicte à la presse
anglaise l'esprit de parti ou la susceptibilité patriotique.
Il ne faut surtout pas en déduire des conclusions tout
à fait erronées sur la puissance militaire de l'Angleterre. Où est le peuple qui pourrait aujourd'hui entretenir à mille lieues de chez lui une armée de près
de cent mille *volontaires*, de cent mille hommes levés
et maintenus sous les drapeaux sans le secours de la
conscription, comme le fait depuis deux ans l'Angleterre en Crimée? Amis et ennemis ont également
intérêt à ne pas se faire illusion sur la valeur réelle
de cette armée, qui a été si sévèrement jugée. Elle
n'aura jamais l'élan, la hardiesse, l'insouciante et intrépide gaieté de nos soldats français. Mais quant
à l'indomptable énergie dans les grands dangers,
quant au mépris de la mort, quant au culte de la
discipline, elle ne le cède à personne. Qui pourra
oublier l'exemple de magnanimité antique et d'ab-
négation chrétienne qu'a donné, il y a quelques années,

tout un régiment anglais englouti dans un naufrage?
On l'avait embarqué sur la frégate le *Birkenhead*, pour
aller tenir garnison au Cap de Bonne-Espérance. Le
navire touche sur un écueil à peu de distance de sa
destination. Les moyens de sauvetage ne permettent
de porter à terre que les femmes, les enfants et quelques passagers infirmes. Officiers et soldats prennent
les armes, se rangent en bataille sur le pont pendant
que le sauvetage partiel s'opère, et pendant aussi que
le vaisseau s'enfonce lentement dans les flots. Pas un
de ces hommes jeunes, forts, armés, n'essaye de
prendre la place des faibles qui vont vivre: et ce
régiment descend tout entier dans l'abîme, martyr de
l'obéissance et de la charité. A mon sens, le nom du
*Birkenhead* et la date de ce naufrage figureraient sur
les drapeaux de ce régiment à aussi bon titre que les
plus brillantes victoires.

Ajoutons que les institutions politiques de l'Angleterre lui fournissent tous les moyens nécessaires pour
introduire promptement dans l'organisation de son
armée les changements que réclame la marche des
temps, et contre lesquels ne prévaudra pas l'esprit
de routine. Je n'affirme pas qu'on en sera réduit à
établir la conscription dans un pays qui tient tant à la
liberté individuelle: mais assurément la guerre actuelle
amènera des modifications radicales dans son système
militaire. L'armée anglaise a aujourd'hui encore les
vertus et les défauts des armées aristocratiques. Quand
on lit ces lettres qui arrivent du camp anglais en si
grand nombre, avec une si complète liberté, et que
l'on publie avec une si courageuse franchise, on les
croirait volontiers écrites par nos vaillants hommes
d'armes d'autrefois, qui, vainqueurs à Marignan et

à Cérisoles, ne savaient pas supporter les ennuis des quartiers d'hiver sur le sol ennemi, et revenaient en toute hâte à la cour ou dans leurs domaines, pour y attendre la prochaine bataille. Par son héroïque bravoure, par sa composition, par la trop grande distance qui sépare l'officier du soldat, comme aussi par la lenteur de ses mouvements, par son ennui et son impatience en présence des fatigues prolongées de la stratégie moderne, enfin par la difficulté qu'elle éprouve à se tirer d'affaire au milieu des embarras prosaïques de la vie des camps, l'armée britannique ressemble trop à ce qu'étaient les nôtres du temps de François Ier ou de Louis XIV. Celles-ci ont à jamais honoré le nom et le drapeau de la France, mais elles ne soutiendraient pas la comparaison, ailleurs que sur le champ de bataille, avec nos légions modernes, aguerries à toutes les fatigues, habituées à se créer au bivouac toutes les ressources de la vie domestique ou civile, et chez qui une sévère et intelligente discipline n'a en rien atténué l'incomparable élan de leurs pères.

Mais le peuple anglais connaît et comprend son mal. On peut être sûr qu'il ne s'y résignera pas, et qu'il saura chercher et trouver le remède. Une fois trouvé, l'admirable mécanisme de sa constitution lui permettra de l'appliquer avec cette résolution énergique et efficace dont il n'a jamais manqué.

Je me rappelle ici une page trop peu connue d'un écrivain qu'une mort prématurée a ravi à la presse française, et qui rentre trop bien dans mon sujet pour n'être pas citée.

"Dans sa lutte suprême contre la République et l'Empire, la grande force de l'Angleterre était dans ses institutions. Le gouvernement anglais a fait la guerre pendant vingt-deux ans, en traînant après soi l'attirail de la liberté, au milieu des clameurs de la tribune et de la presse, au milieu des désastres du commerce, malgré les émeutes, les meetings, les pétitions pour la réforme électorale et les vitres cassées, sans jamais rien sacrifier de ses légitimes droits, sans se croire une seule fois obligé de céder, soit à l'ennemi intérieur, soit à l'ennemi extérieur....

La mauvaise foi des partis, l'injustice et les discours de l'opposition parlementaire, les batailles de tous les jours sur la place publique ne l'ont pas moins bien servi que son intelligence et son patriotisme. Quand il n'y avait plus sur le continent ni une tribune, ni une presse libre, toutes les passions, les bonnes comme les mauvaises, étaient incessamment tenues en éveil dans l'empire britannique, et sans le vouloir, sans y songer, elles concouraient au même but. Personne n'y pouvait être trompé ou trompeur plus d'un jour. Ce mouvement et ce bruit qui faisait croire à Napoléon que l'Angleterre était toujours au moment de sauter en l'air, comme un baril de poudre, c'était la vie d'un peuple libre. Le baril de poudre est encore à la même place, et ce sont les peuples bien sages, bien dociles, bien aimables, qui s'amusent à faire le saut périlleux....

Sur le continent on exagère les victoires et on dissimule les défaites ; en Angleterre, les succès les mieux constatés trouvent toujours des censeurs jaloux et malveillants ; mais le tumulte de la place publique, les colères de la tribune, les indiscrétions de la presse n'ont diminué en rien ni la confiance des généraux, ni la bravoure des soldats...[1]."

[1] Jules Maurel, *Le duc de Wellington*, Bruxelles, 1852.

## II

### CE QUI TROMPE PLUSIEURS D'ENTRE CEUX
### QUI JUGENT L'ANGLETERRE

Mais rentrons dans le cercle que nous nous sommes tracé, dans l'appréciation exclusive de la situation intérieure de l'Angleterre. Sachons y reconnaître en premier lieu le fait même que nous signalions à l'instant, et qui est à la fois la condition essentielle de la vie nationale, et la source des erreurs les plus habituelles aux juges étrangers. Tout y est discuté, critiqué, débattu sans réserve. Tout s'y fait au grand jour et au milieu du bruit. Rien n'échappe à cette loi universelle. Religion, politique, guerre, législation, administration, il faut que tout passe et repasse chaque jour par ce crible redoutable. Les observateurs qui vivent dans un tout autre milieu sont tout d'abord étourdis et effrayés par un tel spectacle. Ils jugent d'après ce qui leur arriverait à eux-mêmes, à leurs voisins, à leurs gouvernements, si on les soumettait à une pareille épreuve. Ils en tirent des conclusions tout à fait fausses, que les démentis mille fois répétés de l'expérience ne les empêchent pas de recommencer sans cesse. Pour qui vit dans un cachot sans soupirail, un filet de lumière qui pénètre par la fente d'une porte entr'ouverte suffit pour éblouir et blesser la vue. Pour qui a longtemps joui du silence, le moindre bruit est insupportable. Pour qui n'a jamais navigué, le moindre grain semble un ouragan. Mais l'homme qui passe sa vie dans la pleine lumière du jour, qui la dépense au milieu des mille bruits du travail, ou qui la joue au sein des flots, ne se laisse ni éblouir, ni étourdir, ni effrayer pour si peu.

Quand on entre dans quelque grande usine, la première impression d'un ignorant ou d'un enfant est de se demander comment on y peut vivre, comment l'ordre se maintient au sein de cette population nombreuse, de ce mouvement perpétuel, de ce tapage étourdissant; comment l'esprit résiste et se retrouve entre ces roues qui tournent, ces pistons qui gémissent, ces scies qui grincent, entre l'aigre sifflet de la vapeur, l'infecte odeur de la graisse, les noirs tourbillons de la fumée. Et cependant tout marche, tout aboutit, tout réussit, et du fond de cette confusion apparente, de ce bruit odieux, de cette fourmilière d'hommes, voici que l'on retire les chefs-d'œuvre de la mécanique et de l'industrie, les armes et les instruments de précision qui vont assurer les victoires de nos soldats, ou les prodiges d'élégance et de finesse qui servent à la parure de nos filles.

Telle est d'ailleurs, partout et toujours, la condition de la vie, de la vraie vie, de la vie virile, la seule dont il vaille la peine de vivre! Ce qui fait la force des individus fait aussi la force des nations; l'habitude du danger, la perpétuité de l'effort, la liberté du mouvement. Qui jamais a rêvé la vie avec un garde-vue sur les yeux, avec du coton dans les oreilles, avec la main d'un maître pour béquille? Quand vous me montrez un homme dans cet accoutrement, je plains et je respecte les infirmités inséparables de la vieillesse, mais je n'y reconnais pas les conditions de la vie. Et quand c'est un peuple entier que vous me représentez ainsi, comme l'idéal de votre doctrine sociale, je fuis loin de vous, au moins par le cœur et l'esprit, et mon âme prend son vol vers ces heureuses et trop rares régions où les nations ont mérité de sortir des langes de l'enfance et ne sont pas encore couchées sur le grabat de la décrépitude.

Une autre source d'erreurs fréquentes pour l'étranger qui veut juger l'Angleterre, c'est le mal que les Anglais aiment à se dire les uns aux autres, d'eux-mêmes, de leur pays, de leurs lois, de leur gouvernement. Ils agissent comme ces grands seigneurs de mauvaise humeur qui, tout en étant profondément convaincus de leur grandeur et de leur supériorité en tout, se donnent les airs de faire très peu de cas de tout ce qui est à eux. Cela dure jusqu'à ce qu'un imprudent auditeur prenne leurs dires au pied de la lettre et prétende agir en conséquence, ou simplement répéter ce qu'il leur entend proclamer. Aussitôt ils regimbent et lui font sentir cruellement son erreur. C'est d'ailleurs le propre des nations libres et rassurées sur leur sort d'affecter une réprobation exagérée pour les inconvénients et les infirmités de leur situation, et de se dépeindre comme sur le bord de tous les précipices; absolument comme ces jeunes gens, pleins de vie et d'avenir, qui se désespèrent au premier mécompte et se déclarent à jamais dégoûtés de l'existence, au moment même où ils vont se marier ou obtenir la place qu'ils sollicitent. Les uns et les autres sont sincères dans leur illusion: ils croient ce qu'ils disent, mais ce qu'ils disent est insensé. C'est quelquefois la preuve d'une surabondance de jeunesse et de force: quelquefois aussi cela tourne mal. La France aussi s'est donné ce plaisir sous la tyrannie parlementaire; mais elle n'a point à se féliciter de cet amusement. Nous nous sommes tous dit tant de mal de nous-mêmes à nous-mêmes, qu'on a fini par nous prendre au mot, et nous traiter, surtout en Angleterre, comme des gens absolument incapables de produire ou de conserver des institutions libérales. L'Anglais se garde bien de tirer la même conclusion pour lui-même. Il se sent à l'abri des coups de tête et des plongeons. Il sent que la constitution qui le protége n'est point une de ces frêles tentes dont il faut bien se garder de secouer les parois ou de desserrer les piquets, de peur que le premier vent du désert ne vienne l'enlever. Il sait que sa maison n'est pas de verre, et qu'il peut y jeter des pierres impunément. Il sait que l'Angleterre, s'il faut en croire l'expérience du passé, peut se livrer à cette récréation sans danger, car il y a bientôt deux siècles que ses journalistes, ses pamphlétaires, trop souvent même ses orateurs et ses plus grands écrivains, font au grand jour la lessive de sa défroque et la clinique de ses infirmités.

Pour peu que l'on soit familiarisé avec l'histoire politique de l'Angleterre, on ne peut se défendre de sourire en voyant sur quels fondements s'élèvent les arguments de ceux qui annoncent périodiquement la ruine prochaine et inévitable du dernier asile de la liberté moderne. Tantôt c'est un *meeting* où des orateurs plus ou moins inconnus ont tenu un langage séditieux au premier chef. Tantôt ce sont des vitres cassées dans les quartiers aristocratiques. Tantôt c'est l'assemblage tumultueux de cent mille individus, avec accompagnement de cris, de bannières, de processions. Tantôt encore ce sont les invectives de la presse contre les hommes et les choses que l'on supposait le plus en honneur chez le peuple britannique. Mais on oublie que tout cela s'est vu depuis longtemps, s'est toujours vu depuis que l'Angleterre est libre, depuis qu'elle a accepté les infirmités et les inconvénients de la liberté avec ses incomparables avantages. En 1780, aux plus beaux jours du gouvernement aristocratique et de la splendeur oratoire du Parlement anglais, Londres a été au pouvoir d'une horde de brigands qui ouvrirent les prisons et brûlèrent les hôtels de plusieurs des principaux personnages du royaume. En 1830, quinze ans après la bataille de Waterloo, on alla briser les fenêtres du duc de Wellington, qui fit construire à cette occasion ces volets à l'épreuve de l'artillerie populaire, que l'on voit encore à son hôtel. Quelques années plus tard, O'Connell réunissait en plein air cent mille Irlandais frémissant sous sa main, et disposés, selon l'impression générale, à se jeter, sur un signe de lui, dans tous les périls de la guerre civile. Et pendant tout cela, et avant comme après, des voix éloquentes et écoutées dénonçaient les institutions nationales comme des leurres, le Parlement comme un mauvais lieu, l'aristocratie comme une caste d'oppresseurs et d'exploiteurs, le peuple anglais comme un ramas de dupes et d'esclaves, écrasés d'impôts et d'affronts par une oligarchie insatiable. Tout cela s'est dit et répété sur tous les tons, à toutes les périodes; tout cela peut-être a été cru; tout cela se dit et se redira encore; mais tout cela a passé et passera comme une pluie d'orage. L'Anglais n'en demeure pas moins persuadé que son pays est le premier pays du monde. Il ne le dit pas toujours, à moins qu'on ne le contredise; mais il le croit, et il a pour cela de bonnes raisons qu'il dépend de lui de rendre meilleures encore.

# III

## LES DEUX DÉMOCRATIES

Voici maintenant le problème que nous nous posons. L'Angleterre restera-t-elle debout au milieu de la crise européenne? et restera-t-elle absolument ce qu'elle est aujourd'hui? A la première de ces questions, on peut répondre hardiment: *oui*; et à la seconde: *non*.

L'Angleterre possède plus qu'aucune autre nation du monde les conditions essentielles de la vie sociale, morale et matérielle; mais elle vivra, comme elle a toujours vécu, en se transformant graduellement, en mariant, avec un art instinctif et une sagacité merveilleuse, le génie de la tradition intelligente à la pratique du progrès modéré, le soin des intérêts généraux à la dignité civique et à la liberté individuelle du moindre des citoyens.

Le progrès constant et le triomphe définitif de la démocratie sont aujourd'hui des faits incontestables, aussi évidents que le progrès et le triomphe de la monarchie absolue depuis le XVᵉ siècle jusqu'au XVIIIᵉ. La démocratie gouverne partout où elle ne règne pas encore. Il est insensé de méconnaître cette victoire, insensé aussi de s'y opposer tant qu'elle ne dégénère pas en oppression, tant qu'elle n'entraîne pas certaines conséquences incompatibles avec la conscience et le bon sens.

Mais il est trop évident qu'il y a de par le monde deux démocraties.

Il y a celle qui reconnaît les lois de l'équité et de l'honneur, qui a confiance dans la force de la vérité et de la justice, qui ne réclame pour assurer leur triomphe que la liberté de les faire connaître, qui a déjà renversé toutes les barrières élevées contre le juste avénement de la multitude à la jouissance de tous les biens et de tous les droits qui doivent lui appartenir. Elle a conquis pour tous l'égalité devant la loi, devant l'impôt et devant l'ennemi, avec l'accessibilité des plus dignes à tous les emplois ; et ces conquêtes, Dieu merci, assurées pour toujours, nous sont au moins aussi chères et beaucoup plus nécessaires qu'à nos antagonistes. Elle veut que l'homme public soit avant tout fils de ses œuvres ; mais elle veut aussi que l'intelligence et la vertu soient les principales conditions de l'exercice du pouvoir, et, par cela même, elle s'oblige à reconnaître toutes les supériorités légitimes, et à les respecter après les avoir reconnues.

Cette démocratie-là, quelle que soit la forme qu'elle doive revêtir, royauté contenue ou république modérée, a déjà conquis les vœux et le concours de tous les honnêtes gens éclairés.

Mais il y a une autre démocratie haineuse, jalouse, furieuse, fille de l'envie, que Bossuet a si bien définie *le noir et secret effet d'un orgueil foible.* Son génie consiste surtout à contester et à détruire toutes les supériorités qui sortent de la nature des choses, telles que la vie historique des peuples les constitue et les proclame. Elle est l'ennemie de tout ce qui dure, de tout ce qui résiste, de tout ce qui grandit. Elle nie tous les progrès graduels de la liberté ; elle insulte tous ses alliés naturels ; elle poursuit surtout d'une implacable ingratitude les princes qui l'ont donnée ou servie. Elle fait de la vie des nations un orage perpétuel ; elle les réduit à chercher éperdues un refuge

dans le premier port venu, et à s'y donner pour servantes ou pour otages à celui qui les sauvera du
naufrage.

Grâce au ciel et pour l'honneur de l'humanité, ce
n'est pas là la seule démocratie que l'on puisse concevoir, que l'on ait connue dans le monde ; mais c'est,
hélas ! la seule dont les démocrates modernes du
continent aient su établir le règne pendant les courts
instants de leur victoire. Avec eux, ce n'est pas la
démocratie libérale, c'est la démocratie unitaire qui
a vaincu. Aussi ne peut-elle servir qu'à frayer la route
à l'unité du despotisme. Et quand l'œuvre est consommée, n'a-t-on pas toujours vu la démocratie révolutionnaire se consoler de ses affronts et de ses mécomptes en se raccrochant aux triomphes de la force
et en les exploitant ? Ne s'entend-elle pas toujours
avec la monarchie absolue, telle que l'esprit moderne
la conçoit et l'admet, pour proscrire partout la vraie
liberté, tantôt comme une aristocratie, tantôt comme
une conspiration ? N'ont-elles pas l'une et l'autre une
égale horreur de tout ce qui se tient debout, de tout
ce qui vit par soi-même ? N'ont-elles pas l'une comme
l'autre substitué partout des liens mécaniques, artificiels, éphémères, aux garanties morales, naturelles,
traditionnelles, et condamné partout la valeur et la
dignité individuelle de l'homme à être absorbées par
l'État ? Ne pratiquent-elles pas à l'envi l'ostracisme
contre la capacité, le courage et la droiture ? N'ont-
elles pas pour principe commun la répudiation du seul
gouvernement vraiment légitime et naturel, celui des
hommes supérieurs par la position, le caractère, le
talent et la vertu ? N'invoquent-elles pas toutes deux
comme raison suprême l'ascendant exclusif du nombre,

c'est-à-dire le droit du plus fort dans ce qu'il a de plus aveugle et de plus brutal?

Nous supposons toujours qu'après tout ce que nous avons vu, il n'est personne, aujourd'hui, d'assez in-expérimenté pour ne pas reconnaître à quel point les intérêts de la liberté sont distincts de ceux de la révo-lution. Une grande autorité s'est prononcée sur ce point: "Ne voyez-vous pas," disait Napoléon I$^{er}$ à Thibaudeau, en 1802, "que ce sont les ennemis de la révolution qui plaident le plus chaudement en faveur de la liberté politique?" Dix ans auparavant, un des hommes qui avaient le plus contribué à faire perdre au glorieux mouvement de 1789 son caractère légitime et libéral, prédisait en ces termes à quoi aboutirait la révolution, dont il avait été l'éloquent champion:

"Encore un pas, et le gouvernement ne peut plus exister, ou se concentre totalement dans le pouvoir exécutif d'un seul. Car je vois, dans l'éloignement, le despotisme sourire à nos petits moyens, à nos petites vues, à nos petites passions, en y plaçant sourdement le fondement de ses espérances. Ce que l'on appelle la révolution est fait; les hommes ne veulent plus obéir aux anciens despotes: mais, si l'on n'y prend garde, ils sont prêts à s'en faire de nouveaux, et dont la puissance plus récente et plus populaire serait mille fois plus dangereuse."

Sachons donc le reconnaître: le progrès de la dé-mocratie est le fait dominant de la société moderne, mais c'en est aussi le danger suprême: et à ce danger nul pays n'a encore su se dérober. Contenir et régler la démocratie sans l'avilir, l'organiser en monarchie tempérée ou en république conservatrice, tel est le problème de notre siècle : mais ce problème n'a encore été résolu nulle part.

Le fait et le danger existent en Angleterre comme ailleurs. Mais tandis que sur le continent la victoire de la démocratie a partout abouti au sacrifice de la liberté, a partout condamné les peuples à osciller dans l'humiliante alternative de l'anarchie et du despotisme, tout annonce qu'en Angleterre ses progrès pourront se concilier avec la stabilité du droit, avec le maintien des libertés antiques, avec le respect de la dignité individuelle. S'il en est ainsi, comme nous le croyons fermement, l'Angleterre après avoir, seule parmi les grandes nations de l'Europe, préservé son honneur et sa vie publique des envahissements monarchiques des deux derniers siècles, aura le glorieux privilège de faire surnager l'arche du droit et de la liberté au milieu du déluge dont la démocratie révolutionnaire menace de recouvrir le nôtre.

# IV

## DE LA DÉMOCRATIE EN ANGLETERRE

CONSTATONS du reste les symptômes du mal avant d'en signaler les remèdes. Il va sans dire que nous ne regardons pas comme un mal ce que certains apôtres et certains ennemis de la démocratie révolutionnaire confondent trop souvent avec elle, savoir : le progrès du droit, de l'égalité devant la loi, du bien-être et de l'instruction du peuple, l'émancipation des consciences de tout joug séculier.

Ce sont là les œuvres de la liberté, non de la révolution ; et la liberté seule peut les garantir et les honorer; seule elle les empêche d'être la pâture et la rançon de l'égoïsme d'un maître.

Grâce à la liberté, c'est par le mouvement naturel des esprits, par la marche irrésistible des mœurs, par le contact si universel des races et des individus, que la lumière se fait sur une foule de points longtemps obscurs. Ce qui a longtemps paru juste et simple se révèle dans son iniquité réelle, et devient impossible à conserver, malgré les clameurs des esprits attardés, malgré les résistances des intérêts compromis. Si la fière et libre Angleterre n'avait pu conserver sa constitution qu'en maintenant l'exclusion des catholiques de tout droit politique, le droit électoral des bourgs-pourris, et l'impôt sur le pain des pauvres au profit de l'agriculture des riches, elle eût été indigne à jamais d'occuper le rang que nul ne peut lui disputer parmi les peuples libres. Mais ces iniquités, une fois comprises et signalées, ne pouvaient survivre à l'effort utilement prolongé de la conscience publique; et disons-le avec une fierté rétrospective, elles ne pouvaient coexister avec le voisinage d'une France où régnait alors la liberté politique et religieuse en même temps que la plus scrupuleuse égalité devant la loi. Les pires ennemis de l'aristocratie devaient seuls lui souhaiter la responsabilité odieuse du maintien de ces vieux abus. Les chefs mêmes de cette aristocratie le sentirent; le duc de Wellington, lord Grey et sir Robert Peel portèrent au moment voulu une main énergique et habile sur le vieil arbre pour l'émonder de ses branches mortes et caduques, pour lui rendre sa sève et sa vie. L'émancipation des catholiques, la réforme parlementaire et l'abolition des lois sur les céréales n'ont point été des victoires pour la démocratie. Elles ont été la glorieuse et légitime conquête de la justice, de la raison et de la charité sociales.

Mais à côté et au-dessous de l'esprit de justice et de liberté qui a gagné ces batailles, on sent couler dans le cœur des générations contemporaines le profond et impétueux courant de l'esprit révolutionnaire. Il aide souvent, et avec une force irrésistible, à l'achèvement des grandes luttes dont l'origine et la véritable portée lui sont étrangères. Mais il leur survit, et il en dépasse toujours le but; insatiable et impitoyable comme le mal, dont il est peut-être l'instrument le plus formidable sur la terre.

Ce qui constate le progrès de cet esprit en Angleterre, ce qui en démontre la force latente et redoutable, ce ne sont pas des ébullitions qui ont toujours paru à la surface de cette grande chaudière, ce ne sont pas les émeutes insignifiantes qui éclatent çà et là, ce ne sont pas les invectives passionnées de tel journal ou de tel orateur extra-parlementaire. Il y a d'autres signes de la maladie, et d'une bien autre gravité.

C'est d'abord l'irritation exagérée, encore plus profonde que bruyante, de l'opinion pendant les premiers mois de l'expédition de Crimée: car c'est le propre de la mauvaise démocratie de ne pas savoir supporter l'adversité; et le premier symptôme des envahissements de l'esprit de désordre qui aboutit à l'abdication et à l'asservissement des grandes nations, c'est de ne savoir expliquer que par la trahison ou l'incapacité les chances nécessairement variables de la guerre. L'Angleterre s'est donc laissée entamer, l'hiver dernier, par l'une des infirmités radicales de la démocratie. Elle a oublié que le caractère distinctif des gouvernements aristocratiques et libres est de garder leur sang-

froid dans l'une et l'autre fortune, comme le fit Rome
au temps d'Annibal et de Pyrrhus, et l'Angleterre
elle-même sous les deux Pitt.

Un symptôme encore plus sérieux et plus durable
se manifeste par le ton général de la littérature contemporaine. Livres et journaux, revues et brochures,
prose et poésie, histoire et roman, tout respire un
esprit de critique et de dénigrement à l'endroit des
classes supérieures ou des institutions anciennes; et
puisque nous avons parlé de romans, il suffira de
comparer ceux de Dickens avec ceux de sir Walter
Scott, pour juger de la distance qu'a franchie l'esprit
public depuis trente ans. Dans les œuvres du baron-
net écossais, il n'y a pas la plus légère trace d'une
protestation contre les idées monarchiques ou aristocratiques, et s'il a su reproduire avec un incomparable
talent les mœurs et le langage des paysans et des petits
bourgeois écossais, on doit remarquer qu'il a presque
toujours choisi ses héros et ses héroïnes dans les rangs
les plus élevés de la société: ce qui n'a peut-être pas
mal contribué à la popularité colossale dont il jouissait
en Angleterre avant même de la conquérir dans le
reste de l'Europe. Tout au contraire, le romancier
le plus en vogue de nos jours a cherché ses sujets et
ses personnages dans la vie des classes intermédiaires,
et le *servum pecus* des novateurs s'est naturellement
jeté à sa suite dans la voie où il avait trouvé un succès
inespéré.

Ailleurs, et dans un genre plus sérieux, il est incontestable que la satire amère et violente des habitudes et des idées aristocratiques devient peu à peu
la corde qui vibre le mieux à travers les discussions
politiques et les études historiques. La démocratie

affecte déjà au delà du détroit la forme qu'elle n'adopte sur le continent qu'avant d'avoir conscience d'elle-même, ou après s'être attiré d'amers mécomptes et d'humiliantes défaites. Elle en est déjà à vanter l'unité conquise par la violence, et à envier les nations qui ont sacrifié leur droit public, leur histoire et leur honneur à la force incarnée dans quelques hommes.

Ce culte d'idoles humaines déguisé sous le nom de héros, *hero-worshipping*, comme on dit aujourd'hui ; cette idolâtrie de la force et du succès a trouvé un prophète éloquent dans la personne de M. Carlyle, dont le talent incontestable mérite d'être signalé comme celui qui a le plus travaillé à dépraver l'esprit public en Angleterre et à détruire le prestige de ses anciennes institutions. Après avoir écrit l'histoire de la Révolution française dans une série de tableaux rabelaisiens, où l'horreur du crime et l'innocence des victimes sont travestis avec une révoltante bouffon-nerie, il a essayé d'imposer à l'Angleterre le culte de Cromwell, en attendant mieux. Il compte beaucoup d'admirateurs et de copistes. Un certain nombre de recueils périodiques se font l'écho de ses doctrines. Cette adoration de la force n'est qu'une conséquence, paradoxale en apparence, mais profondément logique, de l'esprit démocratique habilement greffé sur les intérêts et les passions du moment. Elle peut servir à expliquer certains phénomènes récents de l'admiration populaire en Angleterre, qui ont étonné le monde. Des versificateurs langoureux se font l'écho de cette admiration et de cette envie maladive, dans des élégies qui contrastent étrangement avec l'orgueil national dont étaient enflammés, il y a un siècle, les poëtes et les prosateurs dans tous les rangs de la société. On se souvient que sous Louis XIV les réfugiés français publièrent une protestation intitulée: *Soupirs de la France esclave.* Aujourd'hui, si les vers et la prose de ces panégyristes de l'unité et de la simplicité du pouvoir méritaient tant d'honneur, on pourrait faire un recueil de doléances intitulé *Soupirs de l'Angleterre libre.*

Ce n'est pas seulement à l'étranger que des journaux radicaux tels que le *Daily-News* et l'*Examiner* vantent les bienfaits d'un despotisme *nouveau, juste* et *intelligent.* C'est encore dans le domaine de la politique intérieure que l'on voit cette école invoquer, à l'encontre des vieilles institutions de l'Angleterre, le développement graduel de la bureaucratie et de la centralisation, afin de miner par l'action infaillible de ce poison la vie des forces traditionnelles et indépendantes du pays. On citerait même plus d'un écrivain démocrate qui a, dans ces derniers temps, adressé des provocations directes à la royauté en l'excitant à secouer le joug des restrictions parlementaires, en lui promettant le concours de la démocratie, en prêchant l'union de la couronne et du peuple dans le but d'arriver à une révolution comme celle du Danemark en 1660. On s'adresse surtout au prince Albert, mari de la reine, et quelques-uns ont voulu voir une réponse indirecte à ces provocations dans un discours récent de S. A. R. qui contenait une critique sévère de la forme du gouvernement anglais en ce qui touche à l'administration de la guerre. Bref, il ne faut pas se dissimuler que toute une école littéraire et politique cherche à fomenter dans le cœur du peuple anglais le dégoût de ses institutions séculaires, le désir de singer la démocratie continentale, et l'espoir d'arriver à un de ces marchés honteux entre le peuple et le pouvoir, où le pouvoir livre sa moralité et le peuple son honneur. Ces penchants morbides au déshonneur, cette dépravation temporaire, il faut l'espérer, de certains esprits, cet empire insolent du paradoxe, coïncident malheureusement avec un phénomène qui se renouvelle périodiquement dans l'histoire de toutes les nations qui en ont une. Il y a des temps de halte et d'affaissement où le génie politique et intellectuel d'un peuple s'éclipse. Seulement, dans les pays amortis par le despotisme, comme l'Espagne depuis Charles-Quint, ces éclipses durent deux ou trois siècles. Dans les pays libres, comme l'Angleterre depuis Guillaume III, elles durent quelques années. Toutefois celle que traverse aujourd'hui le peuple anglais, l'inquiète et l'humilie : elle aide au succès des efforts ténébreux de ces prophètes de désordre et d'abdication individuelle. Au milieu d'une foule d'esprits supérieurs en tout genre, l'Angleterre d'aujourd'hui n'a point encore retrouvé les égaux des grands hommes dont le souvenir est encore vivant dans son cœur. Cette merveilleuse pléiade d'orateurs qui commence à Chatham pour finir à Canning, n'a laissé que des échos dont la série est interrompue. Aucun homme d'État vivant n'a conquis l'autorité de Wellington, n'a hérité de la généreuse initiative de Peel. Excepté M. Macaulay, dont la supériorité comme historien sur tous ses prédécesseurs n'a pas besoin d'être démontrée, les écrivains même étrangers à la politique n'offrent pas cette spontanéité d'inspiration, cette popularité impérieuse qui fut, dans les premières années de ce siècle, l'apanage de Byron, de Scott et de Moore. Le niveau général du talent, de la capacité, des influences a baissé. C'est le symptôme le plus certain des progrès de l'esprit démocratique, tel qu'il aime surtout à se formuler de nos jours, par l'abdication de toute grandeur individuelle et de toute force indépendante.

Il faut donc le reconnaître, l'empire exclusif des anciennes idées s'affaiblit, et il en est de même du prestige des anciennes institutions. En d'autres termes, le caractère profondément aristocratique de la liberté et de la société anglaise tend à s'altérer. Cet empire est encore profondément enraciné; ce prestige est encore généralement reconnu, mais ce n'est déjà plus ce que c'était jadis. Un *lord* est toujours quelque chose de grand, d'une grandeur même incompréhensible sur le continent, mais ce n'est déjà plus le lord d'autrefois. Tout l'ensemble des usages et des notions qui se rattachent à ce nom, à ce titre presque intraduisible, a subi la même transformation. C'est peut-être un bien, peut-être aussi est-ce un mal; dans tous les cas c'est un fait. Il faut se garder de le nier, comme aussi il faut se garder d'en exagérer les conséquences.

# V

## PRINCIPAL MOTIF DE SE RASSURER

Tout d'abord l'Angleterre, heureusement pour elle, ne pratique pas le culte de la logique. Elle s'est de tout temps réservé l'usage illimité de la plus éclatante inconséquence, avec le droit de ne pas sacrifier sa gloire, son bonheur et sa sécurité à une logique plus ou moins irréprochable. Elle ne permet pas à des esprits chimériques, violents et absolus, de l'égarer

par leurs déductions et de l'opprimer par leurs conclusions. Elle a de tout temps réduit à leur juste
valeur ces docteurs perfides et vains qui, pour consoler
leurs dupes et leurs victimes, leur disent comme le
Satan du Dante:

> Forse
> Tu non pensavi ch' io loïco fossi!

C'est là qu'éclate surtout la sagesse supérieure dont
cette nation est douée. Après avoir posé ou accepté
un principe, elle ne se laisse pas conduire en son nom
à l'utopie ou à l'abîme. Elle se défie même avec raison
de l'empire des théories, qui sont en politique, plus
que partout ailleurs, sujettes à caution, et l'on peut
dire que son histoire est celle d'une lutte constante
contre les conséquences exagérées des principes qu'elle
a reconnus ou subis. Elle a accepté au moyen âge,
comme toute l'Europe, le caractère religieux et féodal
de l'autorité royale; elle en a scrupuleusement conservé la terminologie jusqu'à nos jours. C'est là, et
là seulement, qu'on entend dire encore, comme au
temps de la reine Elisabeth, les *États de la Reine*,
*l'armée de la Reine, les vaisseaux de la Reine*; que le
tribunal le plus élevé s'appelle *le banc de la Reine*; que
la tranquillité des rues se traduit par *la paix de la
Reine*; que la Chambre des Communes elle-même,
souveraine en fait du pays, s'intitule dans ses adresses
à la couronne: *Vos fidèles communes.* Personne ne
songe à refuser, comme nos députés du côté gauche
d'il y a quinze ans, le titre de sujets, en s'adressant
à la royauté; mais personne aussi ne songe à lui sacrifier
sa dignité, sa conscience ou sa renommée.

Tandis qu'ailleurs les légistes et les théologiens
déduisaient de ces formules historiques toute la théorie

du droit divin et de l'omnipotence royale, en Angleterre, le bon sens et le bon droit les ont réduites
à n'être que de pures fictions, conservées par respect
pour un passé dont on a hérité de grands biens, mais
sous bénéfice d'inventaire, et dont on ne veut pas
renier la mémoire. Les Anglais ont laissé à la royauté
la décoration, le prestige du pouvoir : ils en ont gardé
pour eux la substance. Cela vaut mieux à coup sûr
que de se payer de mots, et de se laisser duper par de
belles théories dont la substance échappe toujours ou
qui se concilient dans la pratique avec les plus révoltants
abus.

Certains historiens racontent avec complaisance
qu'un prédicateur ayant prêché, devant Philippe II
d'Espagne, que les rois avaient un pouvoir absolu sur
les personnes et les biens de leurs peuples, fut condamné par l'Inquisition à se rétracter publiquement.
Cette comédie, comme l'a très justement qualifiée un
savant et religieux écrivain, a pu consoler ou même
édifier une nation follement éprise du despotisme qui
devait anéantir sa grandeur morale et matérielle ; mais
elle n'empêchait pas Philippe II de détruire effronté-
ment les antiques libertés de l'Aragon et de la Belgique,
et de mettre à mort sans jugement et à huis clos les
plus illustres de ses sujets, y compris son propre fils.

En fait de fiction, j'aime mieux le système anglais
qui oblige aujourd'hui encore le plus fier aristocrate
ou le plus fougueux libéral à ployer le genou devant
la reine sur son trône, pour lui offrir le discours que
les ministres de la majorité parlementaire lui font
prononcer, et qui choisit cette humble posture pour
rappeler ainsi à la royauté les limites de son pouvoir
et les conditions de sa durée.

D'un autre côté, après avoir mis, par la révolution de 1688, les libertés publiques sous la garantie d'un changement de dynastie, le peuple anglais a vigoureusement repoussé les doctrines qui, à plusieurs reprises, ont voulu se prévaloir de cet ébranlement pour amoindrir ou humilier la part faite à la royauté renouvelée, et pour substituer la république à la monarchie tempérée. Quand il veut une réforme, un progrès, il consacre l'énergie et la persévérance incomparable de son caractère national à l'obtenir; puis il s'arrête. Jamais jusqu'à présent il n'a ni compromis ni déshonoré ses victoires: jamais il n'a dépassé son but. Il n'imitera donc pas ces pays où toute cause victorieuse, hier la liberté, aujourd'hui l'autorité, commence, dès le lendemain de sa victoire, à creuser son propre tombeau par la main des courtisans et des logiciens du parti vainqueur; où la proclamation d'un principe, soit nouveau, soit restauré, entraîne aussitôt la destruction de tous les freins et de tous les contrepoids qu'on lui opposait avant son triomphe, et qui lui seraient bien plus nécessaires après ce triomphe qu'avant.

# VI

## CE QU'IL RESTE D'ARISTOCRATIE EN ANGLETERRE

L'ANGLETERRE ouvrira donc la porte à la démocratie, mais en même temps elle lui opposera des digues. Entre les changements et les institutions qu'implique ce grand mot, ce qu'il y a de sage, de légitime, de nécessaire, sera accordé; ce qu'il y a de violent, d'exces-

sif, de compromettant pour la liberté politique, pour
l'indépendance personnelle, sera longtemps encore
refoulé dans le domaine des utopies et des factions.
La démocratie arrivera, mais en arrivant elle trouvera
à qui parler. Elle reconnaîtra que sur la plupart des
points *la place est prise*, et que l'aristocratie anglaise
n'est ni assez aveugle, ni assez exclusive pour préparer
ces faciles et dangereux triomphes que les aristocraties
continentales ont laissé remporter à leurs ennemis.

Pour bien saisir la situation qui se dessine au delà
du détroit, il faut se rendre compte de ce qu'est en
réalité cette aristocratie, et surtout de ce qu'elle n'est
pas. Malgré tout ce qui a été dit et écrit à ce sujet,
on ne doit pas se lasser de l'étudier et de le sonder,
car l'histoire politique du monde n'offre pas un second
exemple d'une institution aussi bien combinée et
aussi durable, d'un instrument aussi souple et aussi
énergique.

Il est bon de se rappeler que l'aristocratie anglaise
ne forme nullement un corps animé partout du même
esprit et incrusté dans les mêmes cadres. Elle est
multiple et mobile comme la vie. On raconte que,
lors de la révolution napolitaine de 1820, le peuple
ameuté criait sous les fenêtres du vieux roi Ferdi-
nand IV : "Sire, une constitution ! nous voulons une
constitution !" Le roi, effrayé, et qui avait pour
principe de tout accorder en attendant les Autrichiens,
se mit au balcon et leur répondit : "Oui, mes enfants,
vous en aurez une, et même deux, si vous voulez !"
S'il n'y a en Angleterre qu'une constitution, elle-
même très modifiée et très modifiable, il y a au moins
deux aristocraties. Il y a d'abord celle des deux anciens
partis qui vont s'effaçant et se transformant tous les

jours, celle des Whigs et celle des Tories. Pendant que l'une gouverne, il y en a une autre de rechange, toujours à l'affût des fautes et des mécomptes de sa rivale; elle guette toutes les occasions de la remplacer, et toutes les réformes utiles à opérer, tous les mécontentements sérieux à apaiser, lui servent d'autant de moyens stratégiques pour conquérir l'exercice du pouvoir. La satisfaction des vœux légitimes de l'opinion est ainsi en quelque sorte au concours, et le bien général s'opère par l'émulation entre les partis.

Pendant ces dernières années, les Tories ont montré qu'ils savaient tout aussi bien que les Whigs user de cette recette; et le sacrifice des bourgs-pourris et des lois sur les céréales leur paraissant désormais irrévocable, les plus intelligents se sont mis en quête des questions relatives aux classes indigentes et ouvrières et en ont fait leur apanage spécial. Témoin les efforts de sir John Pakington sur les questions d'éducation, et ceux de lord Shaftesbury, si heureux et si méritoires, pour les logements insalubres, les écoles d'indigents (*ragged schools*), la limitation du travail des femmes et des enfants dans les manufactures et son interdiction absolue dans les mines.

J'aperçois donc toujours quelque aristocrate, quelque oligarque, au premier rang des auteurs ou des auxiliaires de tout mouvement utile ou simplement nouveau. En général ils sont jeunes, mais pas toujours: quelquefois ce rôle est disputé aux débutants de l'aristocratie, par un ministre disgrâcié, un vice-roi émérite, un chancelier en retraite, ou un duc dans la plénitude de l'âge et de la fortune. Mais on peut être sûr qu'il se trouvera toujours quelque homme d'un grand nom ou d'une grande existence à la tête de toutes les questions d'avenir. Avec une intelligence qui n'est jamais prise en défaut, cette vieille aristocratie, représentée par ses plus jeunes rejetons, sait non seulement céder à propos, mais encore prendre l'initiative des mesures les plus graves et les plus fécondes. C'est ainsi que le jeune Pitt, avant d'être ministre des finances, à vingt-trois ans, voulut devenir le champion de la réforme parlementaire, et que son rival Fox, issu d'une origine plus aristocratique que lui, resta pendant toute sa vie à la tête des intérêts populaires. Ils changent quelquefois d'opinion ou de drapeau; mais il y a toujours quelqu'un de leur bord ou de leur ordre pour les remplacer au besoin. Tel est l'art de gouverner; il exige une vigilance, une activité constantes, mais il comporte surtout cette possession de soi, cette indépendance de la force que la noblesse des autres pays de l'Europe avait si misérablement sacrifiée aux puérilités de l'étiquette et aux jouissances de l'antichambre.

Cette tactique ne réussirait pas, si les deux grandes divisions de l'aristocratie anglaise demeuraient inaccessibles aux talents, aux services, aux ambitions que produisent les rangs inférieurs de la société. Heureusement c'est le contraire qui arrive. Tout le monde connaît, mais personne n'a suffisamment vanté l'admirable mécanisme par lequel la pairie ouvre ses rangs et les vide; attire à elle les grandes notabilités de la politique, de la magistrature, de l'armée, de la diplomatie et du monde financier, sans aucun souci de leur origine plus ou moins populaire; et en même temps refoule dans le gros de la nation toutes ses branches collatérales, qui, à partir des petits-fils puînés de tout pair d'Angleterre, demeurent confondus avec le reste des citoyens sans aucun titre, sans aucune marque distinctive. Ce mouvement de va-et-vient qui introduit sans cesse dans les rangs suprêmes de l'aristocratie des éléments jeunes et vigoureux et qui la débarrasse des éléments superflus et inutiles, qui établit comme une sorte de roulement permanent entre la nation et la pairie, est l'œuvre non d'aucun législateur, mais de l'instinct social et politique de ce pays. Cela remonte au moyen âge, et aussi haut que la pairie elle-même. C'est ainsi que cette grande institution a échappé aux inconvénients inséparables partout ailleurs de toute aristocratie puissante, comme à Venise et en Allemagne. C'est ainsi qu'elle a pu être un véritable patriciat politique et national, non une caste exclusive, étroitement retranchée dans son individualisme, et condamnée à périr d'inanition et d'orgueil stérile. Sans doute, là comme partout où l'âme humaine est exposée aux tentations de l'opulence, du luxe et de l'oisiveté, il a pu se former un certain monde exclusif, dédaigneux et frivole, dont l'influence trop facilement acceptée a rejailli, non sur la direction des affaires politiques, mais sur les relations du monde et les facilités de la vie sociale. Ce mal tend à disparaître de jour en jour. D'ailleurs à aucune époque la morgue ni le dédain aristocratique n'ont affecté les formes humiliantes ou exercé l'action fatale qui, dans d'autres pays, ont déposé d'incurables rancunes dans le cœur de la bourgeoisie. Cela s'explique non seulement par cette fusion permanente, dont on vient de parler, des cadets de la pairie avec le reste de la nation, mais surtout par l'usage qu'ont les seigneurs anglais de ne pas placer l'égalité de naissance au premier rang des avantages qu'ils recherchent dans leurs alliances

matrimoniales. On en a souvent agi de même sur le
continent, surtout dans la France de l'ancien régime,
mais jamais sans exciter des murmures ou des mo-
queries. Dans la langue anglaise le mot de *mésalliance*
n'a pas d'équivalent, pas plus que celui de *parvenu*, et
l'idée qu'il exprime est étrangère aux mœurs du pays.
Rien ne s'oppose à ce que le sang des vieilles races se
renouvelle, à ce que les classes qui sont le plus intéressées à la durée et à la dignité de l'édifice social
se fortifient en se confondant. Les vieilles souches
peuvent ainsi étendre leurs racines dans un sol rajeuni,
et aspirer une sève nouvelle qui les empêche de dépérir
et de s'étioler en pivotant toujours sur elles-mêmes.

C'est pourquoi la haute noblesse anglaise est restée
toujours égale à elle-même, toujours en possession
des vertus les mieux adaptées au temps où elle a vécu,
et au rôle que comporte ce temps. Initiée par l'ex-
cellente nature des institutions de son pays à la pratique de tous les devoirs civils et à la féconde activité
des travaux de la paix, elle a toujours su retrouver sur
les champs de bataille l'antique courage des preux
dont elle descend ou dont elle tient la place. Le sang
héroïque dont elle avait inondé les champs de la
Péninsule, elle l'a de nouveau versé à flots en Crimée.
La charge désespérée de Balaklava a été menée par
un homme dont la pairie date de deux siècles, et qui
a été longtemps le plus impopulaire des aristocrates;
et parmi ces listes de morts et de blessés publiées par
le gouvernement anglais, avec un soin si scrupuleux
et si consolant pour les familles, ceux qui aiment à
étudier les transformations des races historiques ont
lu avec émotion le nom du jeune comte d'Errol, connétable héréditaire d'Écosse, en vertu d'un diplôme

de 1315, aujourd'hui capitaine de tirailleurs, et amputé du poignet qu'une balle russe lui a fracassé à Inkermann.

Mais ce sang dont l'aristocratie anglaise s'est montrée si prodigue n'a point désarmé ses détracteurs. Il en a été de même pour la noblesse française, qui au sein même de son abaissement politique, avait conservé tout son ancien courage, et joncha de ses plus illustres noms tous les champs de bataille de la guerre de Sept ans et de la guerre d'Amérique. On ne lui en sut aucun gré quand l'heure de la révolution sonna, et on la confondit dans une proscription commune avec la monarchie dont elle avait été la victime trop docile. Aussi l'aristocratie anglaise ne se contente-t-elle pas du glorieux privilège d'être au premier rang de ceux qui donnent leur vie sous le drapeau de leur pays : elle comprend qu'il y a d'autres batailles à gagner dans les luttes formidables entre les intérêts anciens et nouveaux que suscitent les transformations de l'industrie et le mouvement de la civilisation. Elle se montre dans la personne de plusieurs de ses représentants les plus jeunes ou les plus notables, pénétrée d'une sollicitude intelligente pour toutes les questions nouvelles, sincèrement dévouée aux besoins moraux et matériels des classes laborieuses, profondément émue et activement préoccupée des souffrances de la classe indigente. Quand on voit les hommes les plus considérables de la pairie, comme le comte Grey, les comtes de Carlisle et de Shaftesbury, les héritiers des familles les plus anciennes ou les plus opulentes, tels que lord Stanley, lord Goderich, et tant d'autres, consacrer non plus seulement leurs souscriptions pécuniaires, mais leurs efforts personnels, aux écoles

d'adultes et d'apprentis, courir les villes de provinces
pour faire aux ouvriers des cours publics sur l'histoire
ou sur les sciences naturelles; quand on les retrouve
à leur place dans le parlement, toujours au premier
rang dans les discussions qui intéressent le bien-être
ou l'éducation des masses; quand on sait à quel point
les ouvriers même des manufactures se montrent
affectueusement reconnaissants des marques de sympathie qui leur viennent d'en haut, on se sent le cœur
plein de confiance et d'espérance dans l'avenir de
cette grande nation, qui rachète ses vices par tant de
vertus, et qui lutte contre ses infirmités avec un si
intelligent courage.

On parle d'oligarchie, mais il faudrait bien s'entendre sur le sens de ce mot. Tout gouvernement est
une oligarchie, en ce sens que le nombre des gouver-
nants est et sera toujours infiniment plus petit que celui
des gouvernés. Cela est aussi vrai des républiques où
toutes les magistratures sont annuelles, que des monarchies où l'omnipotence d'un seul prétend se fonder
sur le consentement de tous. Toute la question consiste
à savoir si l'oligarchie gouvernementale est éphémère
ou durable; sotte ou intelligente; oppressive ou libérale;
stérile ou féconde; et surtout si elle est inaccessible
ou accessible, et accessible par les seules voies que
l'honneur, la conscience et la capacité avouent.

Eh bien! l'on peut soutenir sans crainte qu'il n'y a
pas, qu'il n'y a jamais eu au monde un gouvernement
où l'accès du pouvoir, de l'influence, de la renommée
soit plus facile et plus assuré qu'en Angleterre à tout
homme qui possède du talent et de l'énergie, quelle
que soit son origine et même quelle que soit son
opinion. Il y arrivera plus vite que partout ailleurs, et

sans être obligé de sacrifier sa dignité ou sa conviction aux exigences du pouvoir, sans même être contraint de s'inféoder à aucun parti. Un homme dont on a beaucoup parlé récemment, M. Layard, qui s'est constitué le grand adversaire de l'oligarchie actuelle, plaide contre sa propre cause, par son propre exemple. Sans protection, sans fortune, sans appartenir aux Whigs ou aux Tories, après avoir consacré sa jeunesse à explorer les antiquités de Ninive, il est arrivé avant quarante ans, et à peine entré au Parlement, au poste important de sous-secrétaire d'État des affaires étrangères. Il ne l'a quitté que parce qu'il l'a bien voulu, et malgré les efforts de deux ministères successifs. Il trouvait sans doute que sa position politique lui donnait droit à quelque chose de plus élevé, et en attendant le moment probablement très rapproché où il atteindra ce but, il jouit d'une popularité considérable et de cette notoriété immense qu'il n'est donné aux hommes publics d'atteindre que dans les gouvernements représentatifs. En vérité une telle carrière est faite pour tout autre chose que pour démontrer les obstacles qu'oppose aux gens de talent méconnus l'oligarchie britannique.

La *réforme administrative* dont ce publiciste est le champion, et dont il a été tant question pendant quelque temps, sera certainement accomplie. Elle est déjà jugée dans l'esprit de tous les hommes éclairés. Ils disent d'elle ce que disait de la réforme parlementaire, dès les premières années de ce siècle, Wilberforce, le tendre et religieux ami de Pitt: "Je suis pour une réforme modérée et opportune. La vraie politique du pays est de toujours se concilier les honnêtes gens. Une réforme modérée ne fortifiera pas la démocratie;

tout au contraire. N'espérons jamais satisfaire les démocrates. Leurs griefs sont imaginaires comme leurs promesses. Ils demandent la liberté, mais ils ne désirent que le pouvoir. Je repousse la proposition de M. Grey par la raison même qui me fait vouloir une réforme plus modérée: celle-ci empêchera les démocrates de gagner la victoire que l'autre lui assure.... Il faut séparer les ennemis sincères de la corruption de ceux pour qui la réforme n'est qu'un cri de guerre.... D'ailleurs, je suis encore à chercher le pays qui ait eu à se repentir d'avoir respecté la morale et la justice.''

Mais la réforme administrative, une fois consommée, n'aura ni les bons ni les mauvais effets qu'on lui attribue. Le mouvement qui se résume sous ce nom est du reste l'indice d'une tendance dangereuse chez le peuple anglais. Autrefois le nombre des fonctions publiques était plus restreint qu'aujourd'hui. Le fonctionnaire nommé et rétribué par l'État semblait un être tout à fait exceptionnel; il n'inspirait ni estime ni envie à l'immense majorité des Anglais qui ne demandaient point de places, n'en éprouvaient pas le besoin, et se résignaient sans effort à ce que le petit nombre de celles qui existaient fussent l'apanage exclusif des clients de l'aristocratie ou des parvenus du monde politique. Cet état de choses a changé comme en France. L'extension de l'éducation chez les masses, en déclassant une foule d'individus, a créé une foule d'aspirants à la bureaucratie, et d'un autre côté les progrès lents mais incontestables de la centralisation administrative a augmenté le nombre de places à donner. La demande est et sera toujours très supérieure à l'offre; mais l'une et l'autre se sont accrues.

C'est là le plus grand péril de la société anglaise; le mal est loin d'être aussi grand que chez les nations du continent, mais l'Angleterre est déjà sur la pente fatale. Il est temps pour ses hommes d'État de reconnaître que le désir universel et immodéré des emplois publics est la pire des maladies sociales. Elle répand dans tout le corps de la nation une humeur vénale et servile qui n'exclut nullement, même chez les mieux pourvus, l'esprit de faction et d'anarchie. Elle crée une foule d'affamés capables de toutes les fureurs pour satisfaire leur appétit, et propres à toutes les bassesses dès qu'ils sont rassasiés. Un peuple de solliciteurs est le dernier des peuples. Il n'y a pas d'ignominie par où on ne puisse le faire passer.

La véritable réforme administrative consisterait donc à réprimer énergiquement la tendance démocratique qui multiplie les emplois, qui fait remplir par des agents salariés, nommés et révoqués au gré du gouvernement, les fonctions naguère gratuites, inamovibles ou électives; qui augmente indéfiniment la responsabilité du pouvoir, et qui finit par l'accabler sous le poids des cupidités impatientes, des rancunes implacables, et des dévouements impuissants. Tous les Anglais dévoués à la grandeur de leur pays devraient se liguer pour refouler ce flot continental de la bureaucratie qui mine peu à peu ses antiques institutions et qui finira par engloutir sa prospérité, sa liberté et sa gloire.

Quant à la réforme qui consiste à tenir plus largement ouverte la porte des carrières où l'intervention du pouvoir est obligatoire, telles que l'armée, la marine, la diplomatie, elle est dans les nécessités du

temps, et elle se fera, comme se font toutes les réformes
en Angleterre, graduellement et sincèrement. On
n'arrêtera pas le mouvement: on l'enrayera en lui
cédant partiellement. L'essentiel est de ne pas ac-
croître démesurément le nombre des candidats avec
celui des primes à décerner. Mais qu'on ne se le
dissimule pas, dans l'état actuel des mœurs anglaises,
il ne s'agit guère que d'une lutte entre deux catégories
de fils cadets: ceux des familles titrées et des grands
propriétaires fonciers, et ceux des nouveaux riches
sortis des classes moyennes. C'est ainsi que j'ai
entendu poser la question par l'organe d'un riche
négociant de la Cité, qui présidait au *meeting* le plus
bruyant et le plus nombreux qui se soit tenu sur cette
question. Il s'exprimait ainsi devant quatre mille
personnes entassées dans le théâtre de Drury-Lane:
"Un lord me disait ces jours-ci: 'Monsieur, si votre
réforme s'accomplit, que deviendront nos fils cadets?'
et je lui ai répondu: 'Mylord, si elle ne s'accomplit
pas, que deviendront les nôtres?'" Cela fut parfaitement compris et immensément applaudi. On voit
qu'il n'est question que des cadets, car les aînés ont
généralement mieux à faire. Or, il n'y a aucun mal
à ce que les cadets de l'aristocratie, dont la part a du
reste été déjà fort réduite, soient contraints de se
donner un peu plus de peine que par le passé pour
arriver à un grade militaire ou à un poste diplomatique.
C'est ce qui aura lieu par l'institution des examens et
des conditions d'admissibilité que l'on réclame pour
la plupart des carrières publiques. Il n'y aura là, pas
plus qu'en France, une barrière contre l'incapacité,
contre la faveur, contre cette médiocrité d'esprit et
de cœur qui est le fléau du monde moderne: mais il

y aura un préservatif contre certains abus et certaines injustices qui ont fait beaucoup plus de mal que de bien aux classes qui croyaient en profiter. Ce qu'on ne verra pas de longtemps en Angleterre, et ce qui s'est vu il y a quelques années en France, c'est un vieux nom, une naissance distinguée devenant un titre d'exclusion, un obstacle à l'avancement. A mérite égal on préférera toujours l'homme qui apporte au présent le prestige et la force morale du passé. C'est tout ce que l'aristocratie anglaise peut désirer. Il lui faut cette justice, mais il ne lui faut que celle-là.

Rien ne lui est d'ailleurs plus utile que ces menaces et ces agitations qui lui révèlent la nécessité de se défendre et de se maintenir au niveau des temps où elle vit et des idées qui circulent autour d'elle, qui lui rendent le sentiment de ses devoirs et de son intérêt bien entendu.—"Nous avons besoin," disait tout dernièrement l'un de ses plus illustres chefs, "nous avons besoin, tous les dix ou quinze ans, d'un coup de fouet de ce genre pour nous tenir en haleine et ne pas nous engourdir dans une sécurité trompeuse."

Les intérêts véritables et permanents de l'aristocratie ne souffriront donc pas plus de la réforme administrative qu'ils n'ont souffert de la réforme parlementaire et de l'abolition des lois sur les céréales. Sa mission n'est pas de perpétuer les abus, ni même de maintenir des privilèges. L'immortel Burke, dans une lettre écrite au duc de Richmond en 1772, a défini, dans ce style figuré qui lui était familier, le véritable caractère du patriciat anglais: "Vous autres," disait-il à ce duc, "gens de grande maison et de grande fortune héréditaire, vous ne ressemblez pas à des hommes nouveaux, comme moi. Quelque forts que nous puis-

sions devenir, quelles que soient la dimension et
l'exquise saveur de nos fruits, nous n'en sommes pas
moins des plantes annuelles ; nous naissons et nous
mourons dans la même saison. Mais en vous, *si vous
êtes ce que vous devez être,* mon regard se plaît à
reconnaître ces grands chênes qui ombragent toute
une contrée, et qui perpétuent ces ombrages de
génération en génération. Le pouvoir et l'influence
personnelle d'un duc de Richmond ou d'un marquis
de Rockingham importent peu. Ce qui importe, c'est
que leur conduite et leurs exemples soient de nature
à transmettre la tradition de leurs ancêtres à leurs
successeurs. Alors leurs maisons deviennent le dépôt
public et les archives vivantes de la constitution : et
on y va chercher l'âme de cette constitution, non pas
comme à la tour de Londres et à la chapelle du cloître
de Westminster, dans des parchemins effacés, sous des
lambris humides et vermoulus, mais dans la robuste
vigueur, l'énergie vitale, la féconde puissance du
caractère des hommes qui fixent tous les regards et
dominent toutes les têtes."

C'est du reste une grande erreur fréquemment
commise, que de prendre pour l'aristocratie anglaise
les quatre ou cinq cents familles qui ont le titre de
*lord,* et dont les chefs siègent à la Chambre des Pairs.
Ce n'est là que la fleur ou la tête de l'aristocratie, dont
le corps et les racines sont ailleurs. Quand on constate
la diminution du rôle de la Chambre des Lords, on ne
découvre rien de nouveau et on ne prouve rien ou
presque rien contre la force de l'élément aristocratique.
Depuis plus de deux siècles, c'est-à-dire depuis que
l'Angleterre est entrée dans la possession réelle du
gouvernement parlementaire, la Chambre des Com-

munes a été la force prépondérante dans le mécanisme politique du pays. Il y a bientôt un siècle que le premier et le plus grand des deux Pitt perdit toute son influence et presque toute sa popularité pour avoir accepté la pairie avec le titre de comte de Chatham. L'importance de la Chambre haute a sans doute été amoindrie depuis lors, par des créations trop nombreuses, et parce que certains de ses membres ont perdu un grand moyen d'action par l'abolition des bourgs-pourris, dont ils nommaient les représentants. Mais cette chambre reste au fond ce qu'elle est depuis longtemps et ce qu'elle doit être, le lien vivant du passé avec le présent, les *archives vivantes* de la constitution, de la tradition nationale, en même temps que le frein du mouvement quelquefois trop précipité de la machine gouvernementale. Son rôle est encore très important, et à l'encontre de l'exemple de Chatham, les exemples contemporains de lord Liverpool, de lord Melbourne et de lord Derby, nous montrent que les hommes publics arrivent à la tête du gouvernement et y restent, après être sortis de la Chambre des Communes, ou même sans en avoir jamais fait partie, comme lord Aberdeen.

Mais encore une fois ce n'est pas là que réside la force vitale de l'aristocratie, et j'irai même jusqu'à dire que, si on supprimait la Chambre des Pairs d'Angleterre, comme cela s'est vu sous Cromwell, on bouleverserait sans doute l'économie extérieure de la constitution anglaise, mais on ne détruirait pas encore son essence, surtout on ne transformerait pas l'esprit et le caractère aristocratique de la nation.

L'aristocratie en Angleterre est partout, parce que partout il y a le sentiment de l'indépendance et de

l'énergie, de la valeur personnelle qui est le propre de
la nature aristocratique, c'est-à-dire du pouvoir donné
à ceux qui valent le plus et qui font le mieux. On a
vu de tout temps des seigneurs du plus haut parage
à la tête des mouvements réformistes ou populaires,
et en revanche les défenseurs attitrés des intérêts
plébéïens se prévaloir avec une naïve vanité des
avantages de leur naissance. Je voudrais que ceux
qui croient à la disparition prochaine de l'ancien esprit
anglais eussent entendu l'accent avec lequel on vantait
un jour devant moi le plus radical des membres du
cabinet actuel, sir William Molesworth, depuis lors
décédé:—"Monsieur, disait un des interlocuteurs à
l'autre, vous oubliez que sa famille est une des plus
anciennes de la Cornouaille, qu'il descend d'un des
compagnons d'Édouard Ier en Palestine, et que trois
générations de ses ancêtres ont successivement refusé
la pairie."

En revanche, chacun sait avec quelle autorité et au
milieu de quels respects sir Robert Peel, malgré
l'obscurité de sa naissance, a gouverné le parti aristocratique par excellence, jusqu'au jour où il résolut de
sacrifier les profits matériels de l'aristocratie à son
intérêt futur et à celui du pays.

La vraie force de l'aristocratie et de la nationalité
anglaise réside dans les milliers de familles qui possè-
dent la propriété foncière, et qui, en vertu de cette
propriété, administrent le pays bien plus qu'ils ne le
gouvernent. Elles n'ont pas dédaigné, comme l'ancienne noblesse française, les fonctions législatives,
administratives, judiciaires; au contraire, elles se les
sont presque exclusivement attribuées, et se sont ainsi
maintenues à la tête de tous les développements de

la société. Des hommes sans nom et sans fortune arrivent souvent aux grands emplois politiques, quelquefois même au timon des affaires publiques, tout comme dans les républiques ou dans les monarchies absolues ; ils arrivent aussi, mais plus difficilement et plus rarement, à compter pour quelque chose dans une province ou même dans une grande ville, lorsqu'ils n'y sont pas devenus propriétaires. Les lords-lieutenants, les shérifs et les juges de paix, les membres des grands jurys, les commissaires des routes, des édifices publics, c'est-à-dire tout ce qui représente chez nous l'administration préfectorale, la police, le ministère public, la magistrature inférieure et les ponts et chaussées, tout cela ne vient pas du dehors avec un salaire pris sur le budget et une commission du gouvernement d'aujourd'hui qui n'est pas celui d'hier et qui ne sera peut-être pas celui de demain. Tout cela est pris parmi les propriétaires de la contrée qui, tout en continuant à demeurer chez eux, administrent le pays librement, gratuitement et parfaitement. Délivrée de toute intrigue de cour ou de cabinet, de toute chicane, de tout intérêt et de toute inclination servile ; préservée dans les choses essentielles de la centralisation et surtout de la bureaucratie, qui est partout l'armée permanente de la mauvaise démocratie ; c'est ainsi que vit, agit et prospère la seule aristocratie durable et intelligente qui existe en Europe.

Tout cela est évident : ce qui l'est peut-être moins, c'est comment la *gentry* a échappé à la jalousie des uns, à la haine des autres. Elle y a réussi, en restant comme la pairie, et plus que la pairie, accessible à tous. Tout homme qui fait sa fortune, soit dans l'industrie, soit dans le commerce, soit au barreau, soit dans la

**M.**                                                        4

médecine ou tout autre art, aspire à devenir propriétaire foncier : il le devient tôt ou tard, et aussitôt
il songe, en véritable Anglais, à faire *durer* sa famille
et sa propriété. Il devient en même temps partie
intégrante de cette grande corporation qui administre,
surveille et représente le pays, et qui se recrute sans
relâche dans toutes les forces vives, dans toutes les
sources fécondes de la vie sociale. Au bout d'une
génération au plus, cette nouvelle famille est admise
sur le pied d'une parité complète avec les plus anciennes races du pays ; car l'on sait que la plupart des
maisons les plus anciennes, de celles qui peuvent
remonter à l'époque de la conquête normande ou des
croisades, ne font pas partie de la pairie, dont les
rangs sont à bon droit envahis par les titulaires des
services civils et militaires rendus à l'État dans des
temps plus récents. Aucune distinction extérieure ne
signale cette différence d'origine ou d'antiquité ;
aucun titre inutile et inutilement prodigué, pas même
cette euphonie indéfinissable des noms qui chez nous
tient à l'origine de la noblesse, qui en constitue encore
le seul prestige, et qui a toujours protesté contre toutes
les prohibitions et survécu à toutes les proscriptions.
Si le radicalisme était synonyme de la liberté, s'il
n'était pas malheureusement, en Angleterre comme
ailleurs, le piége, l'obstacle et l'écueil où la liberté
risque de se perdre, comment s'expliquerait-on son
aversion pour un ordre de choses si favorable au
maintien des droits politiques d'un grand peuple, si
inaccessible aux usurpations du pouvoir et de la
bureaucratie ? Là gît en effet le principe d'activité
vigilante et légitime, d'intelligente et féconde liberté
que les Anglais résument par le mot de *self-govern-*

*ment.* Grâce à lui, ils peuvent laisser aux pouvoirs publics, à la couronne et au parlement, la plénitude de la souveraineté législative, avec le soin de diriger les intérêts politiques au dehors et au dedans, sans se croire obligés d'abdiquer le maniement de leurs propres intérêts, les manifestations de leurs libres convictions dans le cercle qui les entoure, mais aussi sans cesser d'ouvrir un œil jaloux et perspicace sur la marche générale du gouvernement. Là s'est en outre effectuée l'alliance merveilleuse qui combine dans l'âme de tout Anglais un profond respect des droits de l'autorité légale avec le sentiment de la dignité et de la liberté individuelle poussé à sa plus haute puissance.

Ce n'est pas à dire, comme on se le figure et comme on le répète souvent, qu'il n'y ait pas en Angleterre comme ailleurs des petits propriétaires. Il y en a beaucoup sous le nom de *free-holders* ou francs-tenanciers, et ils ont en cette qualité le droit de voter aux élections parlementaires, moyennant une contribution extrêmement inférieure à celle qui est exigée des fermiers. La propriété foncière est accessible à tout le monde en Angleterre; et toute proportion gardée, elle coûte moins chère à acheter qu'en France. Mais d'une part l'indivision générale des propriétés empêche le nombre des petits propriétaires de s'augmenter indéfiniment; et de l'autre, on ne remarque chez eux jusqu'à présent aucun esprit politique distinct de celui de la grande propriété. Ils se groupent naturellement autour des grands propriétaires dont ils épousent les idées, les passions, les querelles, et dont ils se constituent les clients volontaires, actifs et intelligents.

4—2

Voilà donc une aristocratie constituée sur la base la plus solide, celle des services rendus à la chose publique et de l'exercice permanent d'un pouvoir indépendant et jusqu'à présent incontesté. Elle a conservé tout ce que l'aristocratie pouvait et devait conserver, après que l'invention de la poudre et la création des armées régulières lui eurent enlevé le privilège exclusif de combattre pour la communauté. Elle est restée libre et souveraine. Comment a-t-elle échappé au sort de l'aristocratie continentale, à cette impopularité et à cet asservissement qui sont devenus la loi commune de la noblesse dans presque tous les pays de l'Europe? C'est ce que nous essayerons d'expliquer.

Elle a échappé à l'abaissement politique et au despotisme royal par la pratique sincère et courageuse du gouvernement parlementaire. Elle y a échappé parce qu'elle a compris que, pour résister aux envahissements de la monarchie, il fallait d'autres armes que l'épée et d'autres ressources que les intrigues et les rivalités de cour. Elle s'est sauvée en invoquant et en pratiquant l'empire du droit et de la raison, les luttes de l'esprit et de la parole, en même temps qu'elle étudiait et servait avec une sollicitude infatigable les intérêts de tous, et qu'elle plaçait de ses propres mains le commerce, l'agriculture, l'industrie manufacturière sous la garde de l'indépendance personnelle et de la discussion libre et publique.

Ainsi habile et forte contre la royauté, elle ne l'a pas été moins dans ses relations avec le peuple. Elle y a déployé autant d'équité que de prévoyance; et l'on aime à reconnaître dans sa longue prospérité une de ces récompenses accordées si rarement en ce monde à la justice et à la prudence. Elle a renoncé en temps utile à tous les droits, à toutes les redevances, à tous les privilèges que le droit féodal avait pu rendre légitimes ou bienfaisants pendant le moyen âge, mais qui avaient perdu ce double caractère avec la transformation de la société moderne.

Quand et comment s'est opérée cette renonciation salutaire? Par quelle loi le *gentleman* anglais a-t-il cessé de former une classe à part, d'avoir des juridictions privilégiées, d'infliger à ses inférieurs des obligations onéreuses et humiliantes, d'exiger de ses vassaux des corvées lucratives pour lui seul? C'est ce que l'on ignore. Certes, il n'y a point de problème historique plus digne de l'étude et de l'intérêt des érudits et des politiques: je le leur recommande, et je m'étonne qu'il n'ait point encore donné lieu à des recherches spéciales. Celui qui voudrait suivre à travers le cours des siècles les relations de la grande propriété anglaise avec ses tenanciers, en les comparant avec les funestes dissensions de la noblesse et des classes agricoles sur le continent, celui-là écrirait une des pages les plus belles et les plus utiles de l'histoire du monde.

Mais ce qui est sûr, c'est que depuis les grandes révoltes qui se personnifièrent dans Wat Tyler et Jack Cade, au XIVe et au XVe siècle, on ne voit dans l'histoire d'Angleterre aucune trace de soulèvement des classes inférieures contre les classes élevées. Ce qui est sûr, c'est que pendant que la noblesse française, après avoir sacrifié à la royauté sa dignité et son indépendance, s'obstinait à maintenir tout cet édifice oppressif et suranné qui s'écroula dans la nuit du 4 août 1789, la noblesse anglaise, la *gentry*, avait, deux cents ans auparavant, délivré les paysans, en se délivrant elle-même, du joug de ces anachronismes mortels. Qu'en est-il résulté? C'est que, l'Angleterre ayant fait sa révolution un siècle et demi avant nous, quand le Parlement entama contre la royauté cette insurrection qui aboutit à une république temporaire, on vit non seulement des seigneurs de la plus haute noblesse à la tête des armées parlementaires, mais les paysans combattre avec les seigneurs et pour eux. Nulle part ne se manifesta un mouvement populaire contre l'aristocratie, contre ses propriétés et ses droits. Privée pour un temps de sa représentation officielle par la suppression de la Chambre des Pairs, elle conserva tout son ascendant sur le cœur du peuple. Les *Cavaliers* restèrent dans leurs terres, entourés de la confiance et de la vénération de leurs voisins et dépendants. Et pourquoi? parce que dès lors et bien auparavant il n'y avait plus en Angleterre ni serfs, ni vassaux, ni corvéables. Aucun Anglais n'était le sujet ni l'inférieur légal d'un autre Anglais; aucune terre n'était grevée de redevances oppressives; aucune industrie n'était astreinte à d'humiliantes restrictions.

Voilà où éclate, à mon sens, l'immense supériorité de l'aristocratie anglaise! voilà le fondement légitime de son empire! Que d'autres vantent sa splendeur, son habileté, le courage, l'éloquence, le génie politique de ses enfants; ils auront raison. Mais quant à moi, je veux surtout la louer et la bénir d'avoir su écouter, avant tout le reste de l'Europe, la voix de la justice envers ses inférieurs, d'en avoir pratiqué les lois sans y être forcée par une insurrection ou par un despote, et avec si peu de fracas et d'étalage que l'on peut à

peine retrouver dans l'histoire la trace d'une si prodigieuse et si bienfaisante révolution.

On avait autrefois chez nous un régime social où
les uns étaient tout et les autres rien, où l'orgueil,
satisfait chez plusieurs, était incurablement blessé
chez la plupart. On a cru remédier à cet état de choses
en inventant un régime où personne n'est plus rien,
où tout le monde jouit d'un égal abaissement. Seule
l'Angleterre a créé et maintenu depuis des siècles un
régime social où personne n'est opprimé ni humilié,
et où chaque Anglais peut marcher la tête haute en
disant comme le roi : *Dieu et mon droit !*

Là est le secret de l'amour du peuple anglais pour
son histoire. Elle lui rappelle sans doute bien des
crimes, bien des malheurs, mais elle ne consacre
aucune humiliation systématique, aucune de ces
divisions fatales de castes dont le souvenir, exploité
avec une si aveugle haine par les uns, avec une si
perfide habileté par les autres, se prolonge à travers
les siècles, et condamne les générations innocentes
à la discorde, à l'impuissance et à la servitude.

De là chez les Anglais ce patriotisme profond et
de bon aloi qui a pour base le respect des aïeux, le
goût des coutumes anciennes, la mémoire d'un passé
que nul ne songe à calomnier ou à renier. Telle est
aussi la raison de l'affectueuse vénération dont les
populations rurales entourent encore l'aristocratie
foncière. Chaque jour en contact l'une avec l'autre,
ces deux classes vivent dans la meilleure intelligence.
Et c'est là, qu'on le sache bien, la plus forte garantie
de l'Angleterre contre la révolution, et le véritable
boulevard de sa constitution contre les envahissements
de la démocratie. Tant que l'esprit révolutionnaire n'a

point envahi les classes agricoles d'un pays, ses victoires ne sont qu'éphémères et n'ont point de racines. La révolution démocratique, préparée de longue main en France par le pouvoir absolu, n'y a définitivement triomphé que lorsqu'elle a pu identifier avec sa cause les masses rurales, dont les droits étaient réduits à néant, dont les charges étaient excessives, et qui se sentaient encore plus froissées dans leur juste orgueil que dans leurs intérêts matériels par le maintien d'une législation surannée.

En Angleterre il n'y a encore sur ce point aucune trace de dissension, ni de mécontentement sérieux. Il n'est pas bien sûr que, même au sein des populations urbaines et industrielles, les masses n'en soient point encore à se demander si l'aristocratie n'est pas leur alliée naturelle contre les abus de l'industrialisme. En usant à propos de son prestige, en renonçant à ses divisions naguère utiles et fécondes, aujourd'hui surannées, pour concentrer sa sollicitude et sa puissance sur le terrain des questions sociales, l'aristocratie anglaise, dont beaucoup de membres sont déjà entrés dans cette voie, conquerrait très probablement la première place dans l'estime et la confiance des masses. Quoi qu'il en soit, le concours est ouvert, le prix est au plus dévoué.

Mais pour les classes rurales le doute même n'existe pas encore. En supposant que la révolution devînt maîtresse des villes et mît les armes à la main des ouvriers des manufactures, elle rencontrerait une insurmontable résistance dans les populations robustes, énergiques et respectueuses des campagnes. Celles-ci suivraient au combat les propriétaires qui non seulement les administrent et leur rendent la justice, mais

qui commandent la *milice* et la *yeomanry*, c'est-à-dire
la garde nationale mobile à pied et à cheval, exclusivement recrutée dans les districts agricoles. Ajoutez
à cela la participation active de la *gentry* aux caisses
d'épargne, aux sociétés de secours mutuels, à toutes
les œuvres, à toutes les associations qui ont pour but
le bien-être moral ou physique des cultivateurs du
sol, et l'on reconnaîtra que tout est organisé de façon
à ce que les patrons ne manquent jamais à leurs
clients, ni les clients à leurs patrons.

# VII

### DE LA LIBERTÉ DE TESTER

Mais si une équité précoce, une influence toujours
humaine et paternelle ont conquis à l'aristocratie
anglaise un légitime ascendant sur les populations
rurales, il ne faut pas se faire illusion sur l'instrument
qui lui a conservé la force dont elle jouit. Cet instrument n'est autre que le droit d'aînesse dérivant de la
liberté de tester et ayant pour résultat l'indivisibilité
du patrimoine foncier des familles. C'est là le véritable *palladium* de l'aristocratie anglaise, et par conséquent de la liberté et de la société anglaise telles
qu'elles ont existé jusqu'à présent.

A Dieu ne plaise que je veuille identifier partout
la liberté politique avec le droit d'aînesse, et enchaîner
l'avenir de cette liberté sur le continent au maintien
ou au rétablissement de tel ou tel ordre de succession.
Mais bon gré mal gré, il faut que ceux qui admirent
et envient la liberté anglaise comprennent bien les
conditions qui la font durer. On aurait le plus grand

tort, du reste, de voir dans cette institution, telle qu'elle est pratiquée en Angleterre, une garantie exclusivement nobiliaire comme les majorats en France et en Espagne, les fidéi-commis en Allemagne. Assurément la grandeur des familles anciennes et illustres, de celles surtout qui composent la pairie, a besoin de cette condition et en profite; mais ce n'est là que le petit côté de cette grande chose. Elle crée l'esprit de famille et la solidité de la terre, en dehors du cercle étroit de la haute noblesse et dans toutes les classes de la société. Elle est avant tout l'œuvre de la liberté de tout père de famille auteur ou héritier de son patrimoine: car tout père de famille peut créer une substitution, sans aucune intervention, aucune autorisation du gouvernement.

Elle fait ainsi du sentiment de la tradition et du désir de la durée le patrimoine et l'apanage, non pas d'une seule classe, mais de toute la nation, au moins de toute la partie de la nation qui par le travail et l'intelligence arrive à la propriété. C'est par là qu'elle est devenue, non plus seulement une distinction de caste, mais une institution populaire et nationale. Ce n'est point un privilège, mais un droit, né de la liberté générale et commun à toutes les classes de la société.

Le droit de primogéniture est né, comme chacun sait, de la liberté de tester, liberté toujours respectée chez les peuples vraiment libres, comme l'étaient les Romains et comme le sont encore les Américains et les Anglais. Tandis que la loi française, ne tenant aucun compte de la volonté du père et de la tradition de famille, impose despotiquement l'égalité de partage et la divisibilité indéfinie des héritages, la loi anglaise n'intervient qu'à défaut de l'autorité paternelle. Elle fait du fils aîné de l'homme qui meurt *intestat* le propriétaire exclusif des biens fonciers de la succession, mais elle laisse pleine liberté au père de famille de disposer par testament de son bien comme il l'entend, de partager également entre ses enfants, comme aussi d'en avantager ou d'en déshériter un ou plusieurs, s'il n'a pas les mains liées par une substitution, œuvre d'un testateur antérieur, dont il n'est que l'usufruitier. Ajoutons que tout Anglais fait un testament: c'est un droit civique dont il se reprocherait de ne pas user.

Pour apprendre combien ce système est populaire et naturel, il ne faut pas en étudier la pratique au sein des grandes et antiques maisons que leur passé engage, et qui sont spécialement intéressées à enchaîner l'avenir. Mais prenons l'exemple quotidien et universel que nous donne tout homme d'argent, tout industriel ou commerçant enrichi, qui a placé tout ou partie de ses gains en fonds de terre. Supposons donc un homme entièrement maître de la fortune dont il est lui-même l'auteur et dont il ne lui est rien venu par testament ou par substitution.

Or, que voit-on tous les jours? Ce marchand enrichi, en devenant propriétaire foncier, s'empresse de constituer sa famille en lui créant un patrimoine dans l'avenir.

Il veut avant tout perpétuer dans cette famille la possession de la terre dont il s'est rendu acquéreur, afin de perpétuer autant que possible les fruits de son industrie et de son talent. Il n'y a là aucun sentiment aristocratique dans le sens que nous attachons ordinairement à ce mot; il y a le sentiment naturel, domestique et social qui a été jusqu'à présent au fond de toutes les sociétés humaines: l'amour de la durée et le soin de l'avenir. C'est pour cela uniquement qu'il choisit son fils aîné, s'il en a un, et qu'il l'avantage, non pas dans un but de partialité ou de vanité, mais afin de conserver le foyer paternel, le domaine patrimonial qui vient d'être constitué. Cet avantage qu'il fait à son aîné ne sera pas pour lui seul. Au moyen d'une substitution, il en assure la durée pour deux générations. La loi, qui a récemment restreint la faculté de substituer, ne lui permet pas d'en faire plus. Mais cela suffit: il a déposé dans le sein de cette nouvelle famille le germe de la durée, de la croissance, de la permanence, de la solidité; il a substitué les perspectives de l'avenir aux suggestions aveugles de l'intérêt immédiat; il a pourvu à la transmission intégrale des clientèles et des établissements; il a fondé une tradition permanente dans les entreprises de l'agriculture, de l'industrie et du commerce. Il sait, ou du moins il espère, que son petit-fils recommencera ce qu'il a fait lui-même, et cet espoir n'est guère trompé. La restriction imposée par la nouvelle législation aux substitutions, la faculté nouvellement accordée au *grevé* et à l'*appelé*, lorsqu'ils s'entendent, de détruire la substitution, rien de tout cela n'a encore porté atteinte à ces mœurs traditionnelles. On a vu, dans les plus hauts rangs de la pairie, des pères accablés de dettes profiter de cette innovation pour arracher à leurs fils, au moment où ceux-ci devenaient majeurs, le sacrifice de l'avenir brillant qui leur était assuré, et jeter ainsi dans l'abîme de la prodigalité individuelle le produit accumulé de plusieurs générations. Mais on voit aussi et partout les substitutions nouvelles se dérober à l'action de la loi récente, et se renouveler sans cesse par la libre et prévoyante volonté de ceux sur la tête desquels elles pourraient expirer. Les renouvellements fréquents des substitutions, rendus beaucoup plus nécessaires par la législation actuelle, fournissent aux anciennes familles le moyen utile de rectifier des abus, et de parer aux inconvénients que peuvent entraîner les agglomérations des immeubles trop vastes. Ils offrent surtout l'occasion d'améliorer le sort des cadets, puisqu'on peut ainsi augmenter ou proportionner plus exactement la part destinée à les doter, et qui doit à chaque génération être puisée dans le fonds commun créé par la substitution.

Ce qui étonne un Français dans l'application de ce régime, c'est l'union des familles, tout aussi grande en Angleterre que chez nous; c'est l'absence de la jalousie qu'excite en France le moindre avantage fait dans les limites étroites du Code civil; jalousie du reste légitime, à cause du caractère exclusivement personnel et transitoire de ce privilège. Très probablement cette parfaite et universelle résignation des cadets à un tel ordre de choses ne durera pas toujours; mais elle dure encore et si bien, qu'elle permet aux nouveaux riches d'adapter avec intelligence le système créé par l'aristocratie féodale aux conditions et aux besoins de la vie moderne. En deux mots, le patrimoine foncier de toute famille anglaise, ancienne ou nouvelle, est regardé comme un petit État, et s'appelle même ainsi: *Estate*. L'idée de le subdiviser paraît aussi étrange et aussi insensée, aussi *unpractical*, qu'à nous le partage de la royauté entre les fils de Clovis. On se borne à corriger avec prudence et affection, par l'usage du droit de tester, ce qu'il y a de trop absolu dans le droit d'aînesse.

Je ne prétends pas traiter ici la question du morcellement de la propriété foncière par le partage égal des successions. Je sais quelle est la force du principe que le Code Napoléon a déposé dans les entrailles de la France, et qui a eu l'avantage d'être servi plus encore par ses antagonistes que par ses avocats. Quoiqu'il imposât à l'une des libertés les plus précieuses et les plus naturelles de l'homme un joug inconnu jusqu'à nos jours, il a eu en général le privilège d'être combattu par les ennemis de la liberté moderne. Il a été mis en question sous la Restauration par des hommes d'État qui s'étaient laissé poser en adversaires des idées et des institutions libérales. Il l'est encore aujourd'hui par une école soi-disant religieuse qui lance chaque jour les diatribes les plus provoquantes contre toutes les manifestations de l'indépendance humaine. Là est la force et l'honneur de ce principe. Mais il lui reste à subir l'épreuve d'une discussion sur le terrain de la liberté, et au point de vue des garanties que la mobilité et la divisibilité à l'infini de la propriété peuvent offrir, d'une part à l'esprit de famille et à l'agriculture, de l'autre à la durée et à la dignité des sociétés modernes. Il reste à démontrer que le morcellement indéfini des héritages, et l'action dissolvante de l'égalité absolue des partages, ne sont pas l'instrument le plus efficace que le despotisme ait jamais pu inventer pour broyer toutes les résistances et pulvériser toutes les forces collectives ou individuelles.

En attendant, ce qui est sûr, c'est que la liberté politique de l'Angleterre repose sur le principe contraire. La stabilité des biens fonciers, garantie par le droit de tester librement, est le palladium de la société anglaise, le double boulevard qui l'a défendue jusqu'à présent contre l'omnipotence monarchique et contre les envahissements de la démagogie. Grâce à cette institution, le respect de soi s'allie au respect des ancêtres sous l'abri du toit paternel; l'esprit de liberté trouve partout des foyers de résistance, de force et de durée enracinés dans ce sol qui n'a pas, comme ailleurs, perdu en quelque sorte la qualité d'immeuble pour devenir une terre inanimée, une poussière indifférente, possession éphémère d'une génération ou deux, sans liens avec le passé, sans intérêt dans l'avenir; sorte de monnaie un peu plus encombrante que l'autre, en attendant que les cédules hypothécaires et les nouvelles combinaisons du crédit l'aient transformée en valeur au porteur.

*Et majores vestros et posteros cogitate:* voilà ce que tout Anglais doit lire sur le fronton de la maison de ses pères, qui lui rappelle la fière indépendance dont ils y ont joui, et dont il est à son tour comptable envers sa postérité.

C'est ainsi que se forment, à l'ombre du foyer paternel, sous les arbres plantés par les ancêtres, ces vies calmes et inflexibles, ces races nobles et pures, qui se personnifient dans le *country-gentleman*, le *civis agricola* de l'Angleterre. C'est là qu'il apprend cette sereine fierté, cette indépendance respectueuse et satisfaite, cette attitude qui n'est ni rogue ni servile, dont il offre le modèle. C'est là que se développe le tranquille sentiment du bien-être assuré, qui fait le fondement du repos des États; le bonheur d'être à sa place, de tenir son rang, parce que ce rang est suffisamment garanti contre la mobilité des choses humaines, contre cette proximité perpétuelle du néant

qui menace les existences sociales sous les pouvoirs
absolus et sous les démocraties. Ces heureuses dis-
positions rejaillissent du sein de la vie privée et rurale
sur la vie politique, et ont presque toujours animé les
hommes publics de l'Angleterre, en leur inspirant,
dans les plus hauts rangs comme dans les plus obscurs,
le culte du devoir et de la dignité personnelle. Quand
Napoléon fut arrivé à Sainte-Hélène, on raconte qu'en
s'entretenant de la grande position que venait de se
faire le capitaine qui l'avait vaincu, et de l'avenir
qu'une telle victoire pouvait ouvrir à un ambitieux,
il lui échappa ces mots : "Nous allons voir maintenant
ce que va faire Wellington." Sa propre carrière, si
aventureuse, si rapide, toutes les fortunes qu'il avait
faites et défaites, son habitude de jouer avec la conscience d'autrui comme avec la sienne, tout cela ne
lui permettait pas de comprendre que pour un Anglais,
même parvenu au plus haut point de gloire et de
popularité, il n'y avait rien de mieux à faire que de
rester à sa place, de faire son devoir, de compter pour
ce qu'on vaut dans le parlement de son pays, d'y
élever une voix respectée, et puis de trouver dans la
création d'un patrimoine agricole, comme celui que
fonda Wellington à Strathfieldsaye, l'occupation de sa
vieillesse, l'honneur et la sécurité de sa descendance.

Que nul ne méconnaisse d'ailleurs les secours
qu'une semblable vie apporte aux facultés les plus
généreuses de l'âme, aux grands caractères et aux
dévouements historiques. Quand les circonstances
l'exigent, quand l'heure des luttes suprêmes a sonné,
c'est de là, c'est du sein des exploitations rurales de
la race anglo-saxonne que sortent les chefs pré-
destinés au commandement, à la responsabilité, à la

gloire. C'étaient des gentilshommes campagnards que ces deux hommes qui portent les noms les plus purs de l'histoire de la liberté moderne, qui sont les deux types par excellence du patriote, du libéral, de l'honnête homme: Hampden et Washington.

On en peut conclure, pour l'instruction des autres peuples, que la liberté de tester est à la fois la conséquence et la garantie de la liberté générale. C'est ce que comprennent fort bien les écrivains qui défendent à la fois parmi nous la monarchie absolue et le système du Code civil. Mais c'est ce que ne devraient pas méconnaître ceux qui restent fidèles aux croyances et aux espérances libérales. Le droit d'aînesse, c'est-à-dire le frein mis à la divisibilité infinie de la terre par la liberté de tester, ne répugne qu'au despotisme. Il n'est nullement inhérent à la seule aristocratie. Il s'adapterait parfaitement à une démocratie sagement organisée. Il lui donnerait la force et le droit de durer, en se conciliant avec les meilleurs instincts de la nature, comme avec les meilleurs intérêts de la propriété.

Quand les Anglais voulurent mettre le sceau à l'asservissement de l'Irlande, ils décrétèrent par une loi de 1701 que *les biens fonciers de tout papiste décédé seraient partagés également entre ses fils*, à moins que l'aîné ne devînt protestant, auquel cas il pouvait redevenir héritier exclusif à la mort de son père. (Acte de la 2e année de la Reine Anne, ch. VI. sect. 10 et 12.)

Quand ils commencèrent à se repentir de leur longue iniquité envers leur victime, le premier acte de l'émancipation graduelle des catholiques fut d'abroger cette loi en 1778, et de rétablir ainsi pour les *papistes* irlandais la dignité et l'indépendance de la propriété.

Tel est donc l'esprit, telle est la règle, non pas,
encore une fois, de l'aristocratie, mais de la propriété,
de toute propriété foncière. Tant que cette législation
restera debout, tant qu'elle ne subira d'autre changement que ceux qui en restreindront les abus et en
perfectionneront le maintien, on peut être rassuré sur
l'avenir de l'Angleterre. L'orage ne grondera sérieuse-
ment pour elle que le jour où un mouvement d'opinion
se déclarera contre les substitutions. Alors, mais alors
seulement, elle fera le premier pas sur cette pente
qui précipite les peuples, à travers les secousses des
révolutions, dans les bas-fonds du despotisme. Jusqu'à
présent il n'y en a eu qu'un symptôme avant-coureur :
c'est la proposition faite l'an dernier à la Chambre des
Communes par M. Locke King pour obtenir une
enquête sur la loi des successions. Rejetée par une
majorité considérable, elle semble n'avoir ni trouvé
d'écho, ni laissé de trace. Mais c'est un présage, que
les hommes prévoyants, que les amis sincères de la
liberté en Angleterre feront bien de ne pas oublier :
car c'est par là que l'ennemi pénétrera dans la place.

# IX

## LE PARLEMENT

Je ferais, je l'avoue, peu de cas du cœur et du jugement de l'homme qui approcherait sans émotion de
ce palais du Parlement anglais, de ce temple de l'histoire et de la loi, de l'éloquence et de la liberté. On ne
doit fouler ce sol qu'avec respect : il est plus sacré
mille fois que celui du Pnyx d'Athènes ou du Forum
romain ; car il est depuis mille ans le sanctuaire politi-

que et législatif d'un peuple chrétien et le berceau des libertés du monde moderne.

Là pendant de longs siècles le droit des peuples et la dignité de l'homme ont lutté victorieusement contre le pouvoir absolu et l'omnipotence d'un seul. Là s'est brisée en éclats la théorie humiliante de l'inamissibilité du pouvoir et de l'autocratie des princes. Là s'est célébré le triomphe de cette liberté disciplinée qui implique et maintient le respect de l'autorité, et qu'exprime si bien le terme anglais : *The liberty of the subject*. Là se sont débattues les plus nobles causes que la parole humaine ait eu à défendre de nos jours : la cause de la liberté et de l'humanité contre la révolution, plaidée et gagnée par le génie de Burke et de Pitt ; la cause des esclaves noirs contre le féroce égoïsme de l'industrie coloniale, plaidée et gagnée par l'intrépide et persévérante vertu de Wilberforce ; la cause des catholiques d'Irlande et d'Angleterre contre trois siècles de préjugés et de persécutions, plaidée et gagnée par la bouillante éloquence d'O'Connell et de Sheil ; enfin la cause de l'ouvrier et du pauvre contre l'aveuglement de la grande propriété, plaidée et gagnée par le mâle bon sens de Peel.

Là du moins la parole humaine ne sera point accusée de stérilité et d'impuissance. Sans doute on s'y laisse entraîner, comme ailleurs, à d'étranges illusions, à de funestes emportements ; mais la raison n'y a jamais été condamnée sans appel. Sans doute l'erreur, le mensonge y ont souvent exercé, y exercent encore aujourd'hui leur détestable empire : mais la vérité n'y est jamais restée longtemps sans défenseurs. La justice y a été, sinon toujours exaucée, au moins toujours entendue, et le droit y a sans cesse triomphé de la force par les seules armes de l'éloquence et de la raison.

Le monument répond à la majesté de sa destination. Il est à coup sûr le produit le plus magnifique de la renaissance de l'architecture au XIXᵉ siècle. On pourrait désirer un style moins fleuri, une richesse moins monotone dans les décorations de ce splendide édifice. On regrette que l'architecte ne se soit pas laissé inspirer par la noble simplicité de l'abbaye de Westminster, plutôt que par le voisinage trop immédiat de la chapelle de Henri VII, ou par le style flamboyant de l'ancien cloître des chanoines de Saint-Étienne, qu'il a bien fait de conserver scrupuleusement au centre de son œuvre moderne, mais dont il pouvait se dispenser de faire le type et le motif dominant du palais régénéré. Mais n'importe : l'ensemble est incomparable. Cette masse énorme découpée à jour, cette forêt de pignons, de créneaux, d'arcs-boutants, cette profusion de sculptures au dehors et au dedans, ces tours colossales, ces innombrables clochetons, cette façade sur la Tamise avec sa double terrasse baignée par les flots du fleuve qui viennent jeter aux pieds du législateur la grandeur navale et commerciale de l'Angleterre, tout cela mérite bien le cri d'admiration que jeta l'empereur Nicolas à la vue du monument encore inachevé : *C'est un rêve en pierre.*

On entre, et l'on est comme écrasé par l'immensité de la salle qui sert de vestibule, du vieux *Westminster Hall* avec sa voûte en bois portée sur des figures d'anges en forme d'entraits. Cette salle passe pour la plus grande de l'Europe et la plus hardie, puisque la voûte ne porte que sur les murs latéraux. C'est là que s'est célébré jusqu'en 1820 le banquet féodal qui terminait

la cérémonie du sacre des rois d'Angleterre, et pendant
lequel un champion armé de pied en cap entrait à
cheval, flanqué du connétable et du comte maréchal,
et jetait son gant au téméraire qui voudrait contester
le droit du roi à la couronne qu'il venait de prendre
sur le tombeau d'Édouard le Confesseur. C'est là
aussi qu'ont été jugés tous les grands procès politiques
qui donnent à l'histoire d'Angleterre un caractère si
spécial, depuis celui du roi Charles I$^{er}$ jusqu'à celui
de la reine Caroline en 1820. C'est là surtout que
le procès de Warren Hastings absorba pendant quinze
ans toutes les merveilles de l'éloquence de Burke, de
Pitt, de Fox et de Sheridan. Ce sont bien là les
propylées de la grandeur parlementaire.

On gravit l'escalier qui en sort pour conduire à
l'enceinte des deux chambres, et on y rencontre les
statues des hommes d'État, des magistrats, des ministres, des grands citoyens qui ont le plus honoré
l'Angleterre. En franchissant la porte principale, on
passe entre Falkland et Hampden, les deux héros de
la grande guerre civile, le royaliste intègre, conciliant
et désintéressé, le parlementaire intrépide, modeste
et chevaleresque, réconciliés par la mort et réunis par
la gloire dans l'admiration commune d'une postérité
reconnaissante. Ailleurs et partout, des peintures à
fresques, qui pourraient être meilleures, reproduisent
des sujets exclusivement empruntés à l'histoire ou à
la poésie nationale, au lieu des allégories stupidement
mythologiques qui présidaient aux délibérations du
Luxembourg et du palais Bourbon. Rien de plus
saisissant, de plus approprié à sa destination que la
disposition et la décoration des deux salles des séances
qui font face l'une à l'autre, aux deux extrémités des

bras d'un corridor en forme de croix, dont les voûtes immenses appellent et étonnent le regard. La Chambre des Lords offre un aspect splendide: tout n'y est pas irréprochable au point de vue de l'art, mais de combien ne dépasse-t-elle pas en magnificence et en majesté tous les édifices analogues en Europe! Les célèbres tapisseries qui représentaient la défaite de l'*Armada* espagnole par les flottes de la reine Elisabeth, et que consuma l'incendie de 1835, ont été remplacées par des vitraux où figurent les rois et les reines d'Angleterre. Entre les fenêtres se dressent les statues des barons qui imposèrent en 1215 la grande charte au roi Jean: revêtus de leurs cottes de mailles, appuyés sur leurs glaives et leurs écussons armoriés, ils semblent promener un regard austère et fraternel sur leurs descendants qui siègent à leurs pieds, et qui ont reçu d'eux l'inestimable patrimoine de la liberté et de l'honneur. Partout le blason vient éclairer et expliquer l'histoire. Les armoiries des grands justiciers depuis le temps de la conquête normande, avec leurs noms et la date de leur installation, décorent avec une parfaite convenance l'enceinte où siége toujours la plus haute juridiction du pays. Les chanceliers qui ont de tout temps présidé la Chambre des Pairs y ont aussi leurs annales écrites dans leur blason; le nom de Thomas Becket y figure avec celui de tant d'autres évêques, archevêques, cardinaux qui ont rempli comme lui cette charge illustre. Le culte de la tradition et de l'histoire, le vrai patriotisme, l'a emporté partout sur l'esprit de secte ou de parti. Nulle part le protestantisme n'a posé son empreinte sur le monument: nulle part ne se montre la solution de continuité qui a séparé par la réforme les Anglais du XVIe siècle de leurs glorieux et invincibles ancêtres. Partout, au contraire, triomphent les formes et les souvenirs de l'art catholique : et on pourrait reprocher à l'ensemble des décorations, confiées au talent prodigieux du catholique Pugin, d'avoir affecté un caractère trop ecclésiastique, et de trop donner à cette enceinte législative l'apparence d'une cathédrale. Le trône où la reine vient ouvrir et clore les sessions annuelles du Parlement, ce trône avec son dais, ses candélabres, ses marches du style le plus riche et le plus liturgique, semble un véritable autel.

Jamais la royauté, la liberté et l'histoire n'ont eu de plus splendide sanctuaire.

L'effet de la Chambre des Communes, plus simple, plus austère, eût été non moins grandiose, s'il n'avait fallu sacrifier en partie aux exigences de l'acoustique. Mais là aussi le caractère historique et traditionnel a servi de base à la décoration. Les représentants du peuple y siègent au milieu des insignes des villes, des provinces, des rois et des reines dont l'autorité, les intérêts et la grandeur sont venus, après tant de siècles de conflits, s'absorber dans ce grand corps qui s'est longtemps vanté d'être *the first assembly of gentlemen in Europe* ; et là comme partout, sur le pavé comme sur le plafond, à leurs pieds comme au-dessus de leurs têtes, les fidèles Communes lisent la fière devise donnée par Richard Cœur-de-Lion à sa couronne et qui résume si bien l'histoire, la grandeur et la force de l'Angleterre : *Dieu et mon droit.*

C'est au milieu de toutes ces magnificences de l'art et de l'histoire que délibère le Parlement d'Angleterre, et qu'il délibère avec une simplicité, une aisance et une tranquillité qui sont le gage des institutions fortes et sérieuses. Rien d'affecté, rien de théâtral. Quelques hommes en frac et en paletot, le chapeau sur la tête, s'y occupent des intérêts du plus grand empire de l'univers, et y font avec une lenteur salutaire des lois qui vont régir les destinées de deux cent millions d'hommes répandus dans les cinq parties du monde. Ils parlent comme ils siègent, sans façon. Cette admirable et enviable simplicité est ce qui frappe le plus dans les discussions du palais de Westminster. Chacun s'y montre tel qu'il est, et, chose plus rare, chacun y prend facilement et rapidement la place qui lui appartient légitimement, chacun y remplit le rôle auquel il est le mieux adapté, et que l'instinct de tous lui a reconnu. A côté de l'homme politique proprement dit, de l'homme d'affaires rompu au maniement des finances ou des bureaux, vient se placer le légiste, l'industriel, le chef de parti en qui se résume la force et le droit d'une moitié de l'Angleterre. A côté de l'enfant perdu d'une conviction isolée, le *debater*, c'est-à-dire l'homme qui sait mener et éclairer un débat, intervient quand il le faut, avant et après l'homme qui ne sait faire qu'un discours méthodique et préparé. Point de tours d'inscription : chacun parle au moment qui lui convient le mieux et que nul ne songe à lui contester.

On fait aux ministres trop de questions et des questions souvent indiscrètes ou inopportunes, qui n'obtiennent et ne méritent que des réponses évasives et dérisoires. Tout le monde y parle trop longuement pour notre goût, et c'est le grand défaut de leur système de discussion. Mais ce défaut même n'est que l'excès d'une vertu dont le nôtre était trop complétement dépourvu : le respect du droit individuel

et la tolérance des opinions adverses. Quelquefois on
se dérobe par la fuite à une épreuve trop prolongée,
et le désert se fait autour du membre malencontreux
qui abuse de sa facilité, surtout s'il méconnaît les
exigences de l'appétit ou du sommeil de ses auditeurs :
mais le plus souvent on y sait supporter l'ennui comme
la contradiction. On n'y a pas l'habitude d'inter-
rompre un orateur par des murmures, par des ex-
clamations, par des protestations contraires aux idées
qu'il soutient. On sait bien que, s'il parle, c'est pour
faire valoir ses propres idées, non celles de ses adversaires : ceux-ci attendent patiemment leur tour
pour lui répondre. La réponse peut être aussi mor-
dante, aussi violente que l'on voudra : mais au moins
le préopinant aura pu rendre toute sa pensée, sans
avoir eu à lutter contre les clameurs et les aboiements
de ceux qui se figurent qu'une opinion refoulée par
le bruit dans la poitrine d'un orateur est une opinion
confondue et anéantie.

J'ai entendu non seulement les grands orateurs à
qui le prestige du talent pourrait faire supposer une
autorité spéciale, mais des personnages de troisième
et de quatrième ordre soutenir les thèses les plus
impopulaires, les plus odieuses à l'immense majorité
de l'assemblée, au milieu d'une chambre sinon attentive, du moins respectueusement silencieuse.

Chose digne de remarque ! le Parlement anglais
semble devoir être la terre promise de l'hérédité du
pouvoir et de l'éloquence politique, c'est-à-dire des
deux forces qui répugnent le plus aux systèmes qui
se partagent la domination du monde moderne ; mais
ni la naissance, qui est le cauchemar des révolution-
naires, ni la parole, qui est le cauchemar des absolu-

tistes, n'y exercent une influence abusive. L'histoire
démontre que, depuis Walpole jusqu'à Peel, les grands
rôles y ont surtout été joués par des hommes dont
la naissance était inférieure à celle de la plupart de
leurs auditeurs et de leurs partisans et qui n'eussent
point fait partie de ce qui s'appelle la noblesse sur
le continent. Et quant à l'empire abusif de la parole,
cette patrie de l'éloquence politique est de tous les
pays du monde celui où la parole, quand elle n'est
que la parole, obtient le moins de faveur. Le *vox et
præterea nihil* n'y a aucune chance de succès. Un
homme qui n'est qu'un beau parleur est aussitôt mis
à sa place, c'est-à-dire très bas. On lui préfère toujours l'homme de conscience ou d'affaires qui bégaye
ou qui bredouille, mais qui parle le langage de la
conviction, de l'expérience ou de la passion. On sait
que l'esprit de discipline et de pratique a fait comprendre de tout temps au parti du gouvernement,
comme à celui de l'opposition, la nécessité d'avoir
un chef avoué, ou, comme ils disent, un conducteur,
*a leader*, dans chacune des deux chambres. On subit
souvent sa domination en frémissant, mais on la
subit toujours docilement, tant qu'elle dure. Or,
on a vu l'armée ministérielle et, ce qui est plus étrange
encore, l'opposition, conduite par des hommes qui
étaient bien loin d'être éloquents. Ni lord Castle-
reagh, ni lord George Bentinck n'étaient, à vrai dire,
des orateurs; sir Robert Peel l'était peu, le duc de
Wellington pas du tout, et je ne pense pas que lord
Palmerston l'ait été plus d'une fois dans sa vie. Mais
tous à certains jours donnés ont régné par l'empire
de leur parole, parce que, sous une forme souvent
inculte, elle reproduisait fidèlement l'autorité de leur

position et la volonté de leur parti. Leurs vrais orateurs s'élèvent le plus souvent à l'éloquence sans y aspirer. Ils y arrivent insensiblement, à travers les embarras techniques d'une discussion hérissée de chiffres ou de détails; mais montés à ce faîte, ils y planent avec un naturel et une majesté dont le charme et l'ascendant sont infinis. Alors l'Angleterre tout entière tressaille: elle reconnaît ce prestige éphémère mais incomparable qui fait de la parole humaine, à certains moments, le type suprême de la beauté, l'arme irrésistible de la vérité. Elle inscrit avec orgueil le nom de ce *nouveau venu* au premier rang de ses gloires; elle salue en lui un *orateur*; car les Anglais ne comprennent pas que, dans notre langage parlementaire, nous ayons été conduits à donner ce grand nom à tout homme qui parle.

Du reste, l'éloquence parlementaire, ou (pour nous servir d'un mot que les Anglais comprennent encore moins) la *tribune* rencontre déjà une rivalité formidable dans la presse. Un des chefs de la nouvelle école radicale a prétendu prouver que le développement actuel de la presse périodique peut tenir parfaitement lieu des assemblées politiques, et que le Parlement anglais n'est qu'un rouage criard, importun et superflu. Cette pensée, déjà formulée en Angleterre, où tout se dit sans détour, explique ailleurs et sert à ménager plus d'une défection. Le radicalisme, qui déteste toutes les garanties politiques, parce que toute garantie est un frein ou une tradition, comprend, avec cet instinct propre aux démolisseurs, que si la tribune, tant qu'elle est debout et libre, oppose une barrière insurmontable au despotisme du club comme à celui de la caserne, elle sert aussi de boulevard à l'ordre et à l'autorité légitime, comme à la conscience et à la liberté individuelle. Il n'ignore pas que, par une sorte de fascination bienfaisante, qui s'est exercée sur Mirabeau comme sur M. Berryer, les principes conservateurs ont en général fini par rallier les grands orateurs. L'expérience a prouvé, en France comme en Angleterre, que les majorités législatives, gouvernées par la parole et préservées de toute violence extérieure, donnent toujours raison à la cause de la vieille société contre les utopistes et les niveleurs. La même expérience prouve au contraire que la presse radicale ou fanatique, implacable contre les pouvoirs contenus et modérés, sait devenir aussi souple et aussi soumise que l'exige le pouvoir absolu. En coexistant avec lui, elle s'efforce de l'enlacer ou de l'exploiter, de manière à poursuivre son œuvre sans relâche. Les vieux et sincères amis de la liberté n'en resteront pas moins fidèles à l'axiome qui regarde l'action réciproque de la presse sur la tribune et de la tribune sur la presse, comme la condition fondamentale du gouvernement des pays libres.

Viendra-t-il jamais un jour où la dissolution sociale, opérée par une démocratie matérialiste, et fomentée par les témérités de la presse, engloutira aussi le Parlement d'Angleterre? Verra-t-on là aussi une horde de barbares, conduite par des histrions, venir se répandre sous ces voûtes splendides pour violer la liberté et la majesté du sanctuaire de la vie nationale? Ou bien y verra-t-on encore apparaître un nouveau Cromwell pour ordonner à une escouade de soldats de jeter à la porte les bavards et les réfractaires? Cela se peut: mais ce ne sera pas de sitôt. Nul parmi nos contemporains n'aura cette joie ni cette honte.

ainsi obtenu reste pendant la vie entière une distinction hors ligne pour les titulaires.

C'est ici que l'avenir de l'Angleterre se retrempe incessamment dans les eaux du passé. Nulle part au monde le moyen âge n'est encore debout et vivant comme à Oxford et à Cambridge. Il n'y est point à l'état de résurrection factice, ou de mosaïque déterrée sous la lave mal éteinte des révolutions. Il n'y a jamais péri.

La plupart des fondations remontent au temps où l'Angleterre était encore catholique, et ont gardé l'ineffaçable empreinte de leur origine. L'esprit de conservation, qui est le plus précieux apanage de la race anglaise, y règne plus que partout ailleurs. Dans ces foyers de l'anglicanisme, on a maintenu avec respect et dans la situation la plus apparente les effigies des deux souverains que leur catholicisme a rendus les plus impopulaires de tous ceux qui ont régné sur la Grande-Bretagne. A Cambridge, et là seulement dans toute l'étendue des trois royaumes, on voit la statue de la reine Marie[1], si odieuse au peuple anglais parce qu'elle essaya, par les tristes moyens que sollicitait l'intolérance de son siècle, entre le brutal Henri VIII et l'impitoyable Elisabeth, de ramener son royaume à l'unité catholique. A Oxford reste également debout la statue de Jacques II, qui paya de sa couronne le périlleux honneur d'avoir voulu imiter Louis XIV en imposant à la fois le catholicisme et le pouvoir absolu à son royaume. Le peuple anglais ne connaît pas, du reste, cette odieuse manie de dégrader et de mutiler les monuments historiques, dans le vain espoir d'effacer jusqu'au

[1] There is no trace of any such statue at Cambridge.

souvenir des victimes de la passion ou de l'injustice des révolutions. Bien plus, au plus fort du siége de Sébastopol, pendant la *Commemoration* d'Oxford, à la cérémonie où deux généraux de l'armée de Crimée venaient recevoir, avec les insignes du grade honorifique de docteur ès-lois, l'ovation la plus chaleureuse qu'une ardente et patriotique jeunesse pouvait décerner à d'illustres vétérans, on voyait à la place d'honneur, dans l'enceinte où se célébrait cette fête, le portrait en pied de l'empereur de Russie qui avait participé en 1815 à une solennité semblable: son image y était comme témoignage du passé, et nul ne pensait à lui faire payer la rançon du présent. Comme de raison, les gloires plus spécialement universitaires y sont l'objet des plus respectueux hommages. Où pourrait-on comprendre mieux le culte des ancêtres intellectuels que dans une corporation qui, comme le collège de la Trinité à Cambridge, a l'insigne honneur de compter à lui seul dans son arbre généalogique les noms de Bacon, de Milton[1], de Newton et de Byron, c'est-à-dire les plus grands génies de l'Angleterre sauf Shakespeare qui ne fut d'aucune université, et Burke qui fut élevé à celle de Dublin?

On conçoit que l'esprit de conservation si bien justifié ne se borne pas seulement aux monuments matériels, et se déploie plus énergiquement encore dans la garde des habitudes et des traditions qui ont présidé à la naissance de ces grandes institutions. Tout subit l'influence de ce souffle tutélaire. Je priais un jour le *master* (président ou supérieur d'un collège) de me donner quelques détails sur le réglement intérieur de la maison: "Rien de plus facile," me répondit-il; "nous n'avons rien changé aux statuts

[1] Milton was at Christ's College.

que nous a donnés notre fondatrice lady Marguerite, comtesse de Richmond, mère du roi Henri VII, en 1505." L'innovation, quand il faut la subir, vient du dehors et est l'œuvre de la puissance publique, du Parlement. C'est seulement ainsi que le protestantisme, sous sa forme d'ailleurs la plus mitigée, a pu pénétrer dans ces créations de la vieille foi et les envahir. Aujourd'hui, du reste, les chefs les plus accrédités des deux universités se résignent aux réformes prudentes et modérées, décrétées ou préparées par le Parlement, à la charge de les tempérer en les appliquant eux-mêmes. Ils travaillent avec énergie et succès à faire disparaître les abus inséparables des avantages de la durée, l'esprit de routine, la rouille du temps; ils entr'ouvrent même d'une main la porte à la liberté religieuse, et de l'autre ils développent la part déjà faite aux sciences physiques et mathématiques. En l'année où nous sommes, pendant que le comte de Derby posait à Oxford la première pierre d'un nouveau musée exclusivement destiné aux collections d'histoire naturelle, dans cet ancien sanctuaire naguère si exclusif de la théologie et des langues anciennes, le Parlement abrogeait les serments qui interdisaient l'accès de cette université aux catholiques.

Je n'ai pas la prétention de peindre ici la vie intérieure ou extérieure des universités anglaises. Quand même j'en aurais le loisir, cette tâche serait inutile. Elle a été trop bien remplie par M. Lorain, qui, dans son mémoire présenté à l'Académie des sciences morales et politiques, a expliqué avec autant d'autorité que de talent et d'exactitude le gouvernement, l'organisation de ces grands corps, les droits et les fonctions des professeurs et des étudiants, le système

des études et des examens. Je veux seulement signaler
deux ou trois traits qui démontrent l'analogie fondamentale de ces grands corps avec les autres institutions
politiques et sociales de l'Angleterre, et par conséquent
l'action naturelle qu'elles doivent exercer sur le maintien de l'ancien esprit britannique.

Et d'abord leur indépendance complète à l'égard
du pouvoir. Il leur faut bien reconnaître, comme tout
le monde, l'empire de la loi, du Parlement, lequel de
son côté n'exerce cet empire qu'avec des ménagements
infinis. Mais quant au pouvoir exécutif, au gouvernement proprement dit, il n'y a absolument rien à voir.
C'est à peine s'il nomme trois ou quatre professeurs
par université. Tous les chefs de l'Université, tous
les membres des différents collèges dont l'agrégation
forme l'Université, sont élus par leurs pairs, comme
les membres de l'Institut de France, mais sans aucune
intervention, présentation ou approbation du pouvoir.
Ils ne reçoivent du gouvernement ni mandat ni salaire.
Ils ne lui rendent aucun compte de leur enseignement.
Le programme des études, les conditions d'admission,
d'examen, les règlements de discipline intérieure ou
extérieure, tout est en dehors et au-dessus de l'action
du pouvoir royal ou ministériel. L'esprit conservateur
qui a toujours distingué les universités anglaises est
donc uniquement le fruit spontané de l'indépendance
et de la conviction. Elles sont en cela, comme en tout,
l'image de la société anglaise et de son aristocratie,
libre, fière, mais ordonnée, d'autant plus respectueuse
envers l'autorité qu'elle en est plus indépendante,
toujours ouverte au mérite, toujours prête aux progrès
utiles, aux réformes nécessaires, mais solidement
assise sur la tradition et sur le droit individuel.

C'est pourquoi la charge de chancelier de l'Université d'Oxford ou de Cambridge, conférée à vie par l'élection de tous les docteurs et licenciés, est regardée comme le suprême honneur dont puisse être revêtu un prince ou un pair d'Angleterre, et qu'elle a été imposée à ce titre au duc de Wellington, avant de l'être au comte de Derby; comme aussi le mandat de représentant d'une des universités à la Chambre des Communes est le plus recherché de tous par les ministres et les orateurs, tels que Pitt, Peel et Gladstone.

Après l'indépendance politique, ce qui distingue surtout les universités anglaises des établissements qui portent le même nom sur le continent, c'est que chacune d'elles se compose d'une agrégation de vingt *collèges* distincts, lesquels sont autant de petites républiques dont les fondateurs ont été les législateurs. Chaque collège renferme un nombre de *fellows* ou de prébendaires dont le nombre varie de dix à cent, qui se recrutent eux-mêmes à certaines conditions voulues par le fondateur, et ne peuvent perdre leur dignité qu'en se mariant ou en obtenant un bénéfice au dehors. Ils élisent entre eux un chef inamovible, et président sous sa direction à l'instruction et aux examens des étudiants. Cette existence *collégiale* est la base de l'existence de l'Université: chaque collège a des lois et règlements particuliers, des *honneurs* et des examens spéciaux, en dehors des grades conférés ou reconnus par l'Université tout entière. C'est une vraie fédération morale et intellectuelle, dont chaque branche, comme les divers États de l'Amérique du Nord, ou les cantons de l'ancienne Suisse, a une histoire, une législation, une influence, une renommée à part, mais qui toutes viennent aboutir, comme les affluents d'un grand fleuve, dans un réservoir commun de gloire, de force et de vie.

En outre chaque collège est propriétaire. Ils ont tous été richement dotés par leurs fondateurs en domaines fonciers qui, bien qu'éloignés et souvent éparpillés dans plusieurs comtés divers, passent pour être mieux administrés que toute autre propriété dans un pays où toutes le sont très bien. C'est un argument assez contrariant pour les adversaires de la main-morte. Les revenus, joints aux droits que payent les étudiants, servent à entretenir le personnel et le matériel de ces collèges, où sont logés et nourris maîtres et élèves, et dont la magnificence rivalise avec celle des plus beaux palais de l'aristocratie.

Ainsi donc l'indépendance la plus absolue à l'encontre du pouvoir, la variété dans l'unité, la diversité des règlements, la liberté des enseignements, l'antiquité et le caractère religieux de l'origine, l'opulence et la stabilité du patrimoine, telles sont les bases sur lesquelles repose le haut enseignement en Angleterre. Tout y diffère de ce qu'il est devenu sur le continent (à la seule exception de la Belgique), et tout, encore une fois, s'y rapproche des autres branches de la société anglaise.

On le voit par ce qui précède: les universités anglaises, comme la constitution et la société anglaise tout entière, ne sont autre chose qu'un magnifique échantillon de l'ancienne société du moyen âge, telle qu'elle existait dans toute l'Europe occidentale. La France, l'Italie, l'Allemagne, la Bohême, les Pays-Bas, l'Espagne, le Portugal, les royaumes scandinaves, possédaient autrefois des institutions absolument semblables. L'Université de Paris était organisée pré-

cisément sur le même pied, avec ses nombreux et
célèbres collèges de Navarre, de Beauvais, de Lisieux,
d'Harcourt, etc., fondés la plupart par la munificence
des évêques et des seigneurs. Cela est si vrai que, lors
des discussions intérieures de l'Université d'Oxford
sur l'application des réformes récemment introduites,
on cherchait sans cesse la solution des difficultés, en
recourant à l'*Histoire de l'Université de Paris*, par Du
Boulay, tant est évidente et naturelle l'analogie entre
ce que nous avons perdu et ce que les Anglais ont
eu soin de conserver. On sait d'ailleurs que les mots
d'*université* et d'*universitaire* ne s'appliquaient autrefois qu'à des corporations indépendantes, et jamais à
un système national et uniforme d'éducation publique,
lequel n'exista nulle part avant que Napoléon, venant
à la suite de la faux révolutionnaire, n'eût imaginé
d'élever, sur les ruines de nos dix-huit universités
et de nos innombrables écoles libres, le casernement
intellectuel qui dure encore, quoique modifié dans ses
applications les plus oppressives par la loi de 1850.

Je ne dirai qu'un mot des étudiants; ce sera pour
relever un contraste nouveau et significatif entre eux
et les nôtres. Les nôtres sortent brusquement de la
servitude des lycées, où chaque minute de leur journée
est réglementée sur un échantillon commun à la France
entière, pour entrer dans la liberté absolue de la vie de
jeune homme à Paris. Dès que notre lycéen est trans-
formé en étudiant, nul ne surveille ni sa conduite, ni
ses études; il loge où il veut et fait tout ce qu'il veut du
matin au soir et du soir au matin. L'étudiant anglais
sort d'une école comme Eton, où il a déjà goûté l'attrait
et la responsabilité de la liberté, pour retrouver à
Oxford ou à Cambridge une discipline presque aussi

sévère que celle qu'il a suivie pendant son enfance. Il peut disposer de sa journée, mais à la condition d'assister deux fois par jour à l'office divin, et de ne jamais sortir dans la rue sans le costume officiel, une robe noire avec un bonnet carré. En outre tout étudiant doit loger dans un des collèges de l'Université : il y occupe un appartement particulier, mais il faut qu'il dîne au réfectoire commun avec ses camarades et ses maîtres, et que le soir il soit rentré à heure fixe. Toute contravention grave à ces lois, tout outrage constaté à la régularité des mœurs ou simplement aux usages du monde poli, entraîne soit l'expulsion de l'Université, soit la *rustication*, c'est-à-dire un exil de trois mois, qui équivaut par la perte des frais d'inscription, etc., à une amende de 1,000 à 1,200 fr., infligée à la famille du délinquant. Tel est le régime que subit, sans l'ombre d'un murmure, l'élite de la jeunesse anglaise de dix-huit à vingt-deux ans, et qui leur apprend le respect de soi en même temps que le respect de la loi et de la tradition.

Qu'il y ait, au sein de cette confédération, des luttes, des jalousies, des rivalités mesquines, c'est ce que nul homme qui sait ce qui se pratique partout où les hommes sont réunis ne sera tenté de nier. Mais en faisant aussi large qu'on voudra la part de l'infirmité humaine, il faudra bien convenir que jamais et nulle part on n'a su maintenir une organisation plus propice à la moralité, à la liberté, à la dignité de l'enseignement.

On a élevé de nombreuses objections contre le système d'éducation que suivent ces puissantes et antiques corporations. On leur reproche d'être trop riches, trop arriérées, trop stériles; de rester trop étrangères au mouvement des idées modernes, de ne pas publier des écrits assez nombreux ou assez volumineux. A tous leurs détracteurs, les universités anglaises peuvent répondre triomphalement en montrant leurs produits, c'est-à-dire la nation anglaise représentée par ses chefs et ses classes dirigeantes. Elles ont été instituées, selon une belle parole du docteur Pusey, pour faire des hommes et non des livres. Tout observateur impartial conviendra qu'elles ont merveilleusement rempli leur mission.

J'allais oublier l'aspect extérieur de ces universités, et cependant il est au moins aussi frappant et aussi original que leur organisation. Mais comment peindre un spectacle si curieux? Que l'on se figure, réunies dans le pourtour d'une même ville, et se touchant par leurs enceintes particulières, quinze ou vingt de nos anciennes abbayes, dans toute la grandeur et toute la magnificence de leur époque la plus florissante, telles qu'on peut se les représenter d'après les planches si rares du *Monasticon gallicanum*, ou les vues plus rares encore de Cluny, de Cîteaux et de Clairvaux. Chacune d'elles avec deux, trois et quatre cloîtres à arcades ogivales ou cintrées, avec un réfectoire grand, haut et voûté comme une église, avec une bibliothèque toujours, avec un musée et une galerie de tableaux quelquefois, surtout avec une chapelle où se célèbre deux ou trois fois par jour l'office canonial accompagné de chants d'une beauté antique. Sans doute chacun de ces édifices, pris isolément, n'est pas irréprochable. Il en est cependant bien peu qui n'étonnent par leur grandeur, leur distribution pittoresque et si excellemment adaptée à leur destination; bien peu aussi qui n'offrent un certain mérite de style ou d'antiquité. Plusieurs sont des monuments du plus haut prix, tels

que la chapelle de *King's College* et la façade de
*S. John's* à Cambridge, les cloîtres de *Magdalen* et de
*Merton*, et l'église de *Christ-Church* à Oxford. Mais
c'est surtout l'ensemble et l'agglomération si rap-
prochée de ces vastes et curieux édifices qui a quelque
chose de prodigieux et d'unique, et qui laisse, comme
l'Alhambra à Grenade ou la Piazzetta de Venise, une
impression qu'on ne retrouve nulle part ailleurs.

Sous ce rapport, Cambridge est peut-être préfé-
rable à Oxford même, parce que ses dix-sept collèges,
moins vastes pour la plupart que les vingt-quatre de
sa rivale, y sont mieux groupés et plus rapprochés.
Presque tous sont disposés les uns à la suite des autres
le long d'une limpide et profonde rivière, qui arrose
et embellit une série de parcs remplis d'arbres comme
on n'en voit nulle part ailleurs. Chaque collège a son
parc, et ces parcs ne sont séparés entre eux que par
des grilles à jour ou des fossés sans murs, de sorte que
leur réunion forme une vaste forêt de haute futaie, au
milieu de laquelle on voit surgir les tourelles, les
clochers et les toits crénelés des collèges. A Oxford,
plus isolés, les préaux, les jardins, les parcs consacrés
aux récréations des maîtres et des étudiants, sont encore
plus vastes ; les uns vont se confondre avec la campagne environnante : dans les autres, on voit errer sur
des pelouses incomparables, à l'ombre de ces arbres
séculaires qui sont là comme partout la plus belle
parure de l'Angleterre, des troupes de cerfs ou de
paons, que l'on entretient respectueusement parce
que le fondateur l'a ainsi voulu il y a trois ou quatre
siècles. Ce sont les jardins d'Armide, transportés des
régions de la féerie dans celle de l'histoire et de l'éducation réelle.

Il faut plaindre l'Anglais dont la jeunesse se passe loin d'un tel séjour. Il faudrait plaindre surtout celui qui, après y avoir vécu, se souviendrait sans émotion de ces voûtes, de ces cloîtres, de ces ombrages, de ces chants religieux, celui qui, appelé dans la suite de la vie et au sein des luttes politiques à discuter ou à juger les idées et les institutions dont Oxford et Cambridge sont les types et les sanctuaires, en se reportant aux plus rayonnantes années de sa vie, ne se représenterait pas à lui-même tel que l'enfant dont parle le poëte :

> ...Si quid
> Turpe paras, ne tu pueri contempseris annos,
> Sed peccaturo obsistat tibi filius infans.

Mais un tel oubli est aussi rare que réprouvé : et tant que la très grande majorité des fils de la classe supérieure sera élevée aux universités, tant que celles-ci conserveront leur indépendance et leur organisation actuelle, on peut être convaincu que la vieille société anglaise conservera aussi une armée de champions énergiques, intelligents et dévoués.

# XIX

## CONCLUSION

Il faut du courage, je le répète, pour rendre justice à l'Angleterre par le temps qui court, et pour rester fidèle à la vieille admiration qu'elle a inspirée aux libéraux. Dans tout ce qui touche à ses relations avec les nations étrangères, sa mobilité, son ingratitude, ses enthousiasmes étranges, l'âpreté de son égoïsme, l'abus de sa propre force, son mépris odieux pour la faiblesse d'autrui, son indifférence absolue pour la justice quand cette justice ne lui offre pas d'intérêt à servir ou de force à respecter, en voilà plus qu'il n'en faut pour armer contre elle l'indignation des âmes honnêtes. Mais encore une fois, ce n'est point sa politique étrangère, ce ne sont ni ses alliances, ni ses agressions que j'ai voulu examiner, encore bien moins défendre ou vanter. Il n'y a là rien à apprendre, rien à admirer.

Mais il en est tout autrement de sa vie intérieure, de son organisation sociale et politique. Là tout est digne d'étude, et presque tout est digne d'envie. Grâce à des institutions nées dans le moyen âge, et que seule en Europe elle a su conserver et perfectionner, seule aussi elle a su jusqu'à présent échapper à l'autocratie et à l'anarchie, tandis que tous les peuples du continent sont tombés en proie à l'une ou à l'autre, et quelquefois à toutes deux. Maintiendra-t-elle ce glorieux privilège à travers la crise qu'elle subit aujourd'hui? Restera-t-elle encore l'asile inviolable de la liberté et du bon sens politique? Telle est la question. Je n'ai point hésité à la résoudre par l'affirmative, parce que je n'ai encore découvert aucune atteinte essentielle au fond des principes, des habitudes, des règles qui ont fait sa grandeur et sa liberté. Malgré tous les symptômes alarmants que j'ai signalés, malgré la défection d'un trop grand nombre d'hommes d'État et d'écrivains qui tendent d'avance la main à l'ennemi, j'estime qu'elle ne reniera pas son passé. Non, cette nation qui a résisté à Cromwell et qui a triomphé de Napoléon, ne se fatiguera point de son libre arbitre au point d'abdiquer sa liberté, sa conscience, son honneur entre les mains d'un homme, quelque grand

que l'avenir puisse le supposer. Elle ne substituera pas
le règne silencieux de l'arbitraire à la féconde agitation
de la liberté, ni la végétation stagnante des appétits ras-
surés ou rassasiés aux luttes généreuses, aux salutaires
périls de la vie d'un peuple qui sait marcher tout seul.

Elle ne donnera pas cette satisfaction aux apôtres
de l'ère nouvelle, ni cette désespérante leçon aux
générations futures. Elle n'acceptera pas l'égalité dans
l'asservissement pour rançon de la liberté proscrite.
Elle ne sacrifiera pas à un rêve de nivellement jaloux,
ou à un besoin maladif de paix et de sécurité, l'indépendance, la dignité, la spontanéité de sa noble nature.
Non, quelles que soient les apparences contraires,
l'Angleterre n'écoutera pas la voix de ces faux prophètes qui enseignent aux nations à chercher dans
leur abaissement un abri contre leur propre étourderie,
à compter sur le silence universel pour oublier leurs
remords, à abdiquer au profit d'un maître l'honneur
et la conscience de la responsabilité. Non, l'Angleterre ne comprendra ni ne pratiquera jamais cette
doctrine nouvelle qui présente au monde, comme
l'idéal du passé et de l'avenir, un régime où nul ne
peut ni agir ni monter qu'en rampant, où le talent,
la vertu, la pensée, le courage, ne comptent pas, à
moins de porter la livrée du pouvoir.

Chez elle, au contraire, c'est le pouvoir qui porte
et continue à porter la livrée des idées, des croyances,
des passions, des partis dont l'expression légitime
constitue la vie et le droit d'une nation émancipée.
La valeur individuelle des hommes n'y est point encore écrasée sous le sourd et implacable niveau des
masses indifférentes et incompétentes. La vue d'un
tel pays repose l'œil fatigué de voir partout les misé-

rables triomphes de la force, légitimés par l'aveugle
imprévoyance des conservateurs, par les divisions non
moins aveugles des libéraux, par le cynisme égalitaire
des démocrates. Là, du moins, toute âme honnête et
généreuse a la consolation de trouver une société fondée
sur des principes qui rendent hommage à la dignité de
notre nature, sans en méconnaître l'incurable faiblesse.

Mais cette consolation ne serait pas de longue durée,
si l'Angleterre ne savait pas subir, dans une juste
mesure, les transformations qu'exige la marche in-
vincible du temps et de la civilisation moderne. C'est
dans cette grande entreprise qu'elle est aujourd'hui
engagée, et dont elle se tirera avec honneur, si elle
reste fidèle aux leçons de sa propre histoire. Sa puissante et intelligente aristocratie, sans cesse recrutée
par les éléments les plus actifs de la vie sociale, prési-
dera à cette œuvre en s'y identifiant. Lorsqu'autrefois,
au sortir du moyen âge, l'usage du canon et la forma-
tion des armées permanentes et plébéiennes annula le
rôle exclusivement militaire de la noblesse, seule en
Europe, l'aristocratie anglaise sut découvrir et comprendre la mission civile et politique des héritiers
de la féodalité ; et seule en Europe, elle sut sauver du
naufrage des institutions qui avaient été communes
à toute la chrétienté pendant cinq siècles, tout ce qui
méritait d'être sauvé. Seule, elle voulut garder son
rang à la tête de la nation, et seule elle y réussit en
consacrant à la défense, à l'exercice des libertés
publiques, sa richesse, son influence, son esprit de
suite et de persévérance.

Aujourd'hui, de même, elle saura reconnaître que
la société exige d'elle une transformation analogue,
moins radicale sans doute, mais non moins laborieuse

et non moins bienfaisante. L'œuvre de la vieille politique est achevée. Les vieux partis sont usés: Whigs et Tories ont fait leur temps. C'est en vain qu'on essayerait de galvaniser ces cadavres. De nouveaux intérêts, de nouveaux problèmes ont surgi. Les grandes questions d'humanité, de charité, de travail, de justice au dehors et au dedans, sont posées par la main de Dieu. Elles attendent de l'intelligence et du dévouement de la classe supérieure ces solutions qui préoccupent déjà tous les esprits jeunes, perspicaces, généreux.

L'étude attentive et la pratique sincère des devoirs de la propriété; la communication de tous les bienfaits de l'ordre ancien aux populations nouvellement créées par l'industrie; la conciliation de leurs exigences impérieuses et légitimes avec le maintien des garanties de la liberté et de l'intelligence: voilà la tâche de ceux qui ont reçu de leurs pères le magnifique héritage d'une constitution qui fournit à l'activité humaine les instruments les plus énergiques et les plus flexibles qu'il ait jamais été donné à l'homme de consacrer à son propre bien et à celui de ses semblables. Ils sauront s'en servir pour retenir ce grand peuple sur la pente rapide qui mène toutes les autres nations européennes de l'égalité à la servitude. Si j'en crois tout ce que j'ai pu voir et entendre, la société anglaise ne restera pas au-dessous de cette tâche. Les historiens futurs pourront encore la féliciter d'avoir toujours eu l'aristocratie la plus démocratique et la démocratie la plus aristocratique que le monde ait connues: et si de nouveaux Louis XI doivent triompher sur le continent, un nouveau Comines pourra répéter le témoignage que ce grand politique rendait il y a quatre cents ans : " Selon mon advis, en toutes les seigneuries du monde dont j'ay connoissance, où la chose publique est mieux traictée, et où règne moins de violence sur le peuple, c'est Angleterre."

Je vais au devant d'une dernière objection. J'entends dire sans cesse que la liberté et la prospérité de l'Angleterre sont dues au caractère particulier de son peuple, et que des institutions analogues aux siennes ne peuvent réussir qu'au sein d'une race douée comme lui de certaines vertus qu'on ne définit pas bien, mais dont on s'accorde à reconnaître l'absence dans toute autre région. Je tiens ce jugement pour diamétralement contraire à la vérité des faits que l'histoire nous fournit.

Les institutions dont jouit l'Angleterre n'ont rien de spécial. Elles ne sont que le développement intelligent et progressif de celles dont a joui pendant le moyen âge toute l'Europe, excepté l'empire byzantin, infecté pour toujours de l'irrémédiable corruption du césarisme. Elles avaient été greffées par le christianisme sur le tronc germanique, dont nous sommes tous issus à différents degrés. La race anglaise n'a pas de plus grand admirateur que moi ; mais je ne lui connais aucune vertu qui n'ait été donnée à toutes les races chrétiennes, et que chacune de ces races n'ait déployée dans les circonstances favorables. Si nous avons tous possédé, dans le passé, les institutions qui ont fait la force et la gloire de l'Angleterre, il n'y a donc rien dans la nature des choses qui s'oppose à ce que nous conquérions dans l'avenir celles qui sont la condition de sa grandeur actuelle.

Tous les peuples sont faits pour être élevés. Le gouvernement représentatif n'est autre chose qu'une longue éducation, laborieuse et difficile, mais la plus honorable et la plus féconde de toutes. L'exemple d'une nation qui a dû traverser le despotisme des Tudors, survivre aux ruses et à la corruption des Stuarts, et subir la dure main de Cromwell, pour arriver où elle est, n'a rien qui doive porter les autres nations à douter d'elles-mêmes, pendant que leur apprentissage dure encore. Grâce à la Terreur, notre histoire a des pages plus sanglantes que l'histoire des Anglais, mais elle n'en a pas de plus honteuses. Je ne sache rien dans les annales d'aucun peuple moderne qui égale la dégradation politique de l'Angleterre sous le despotisme, sans pudeur au dedans et sans gloire au dehors, de Henri VIII ; rien qui surpasse la bassesse des partis sous Charles II, quand les hommes les plus éclairés étaient complices ou dupes d'un imposteur sanguinaire comme Titus Oates, quand le gouvernement et l'opposition tendaient à l'envi la main au salaire qu'y laissait tomber Louis XIV, l'ennemi le plus redoutable du pays.

De telles chutes ne permettent pas de croire à une vertu hors ligne chez la nation qui les a subies. Elle s'est cependant relevée dans sa force et dans sa liberté : et depuis bientôt deux siècles elle tend à occuper le premier rang parmi les sociétés modernes. Mais pourquoi et comment ? Parce que les institutions qu'elle avait conservées et perfectionnées par une longue pratique, lui garantissaient le moyen légal et naturel de réparer ses fautes et de reconquérir sa dignité ; parce que la force et l'occasion ont heureusement manqué aux rois anglais pour absorber la vie nationale en leur autorité unique ; parce que les formes tuté-laires et les principes fondamentaux du gouvernement parlementaire avaient survécu à tous les orages et

ouvraient aux successeurs des assemblées serviles et
vénales la voie d'une prompte et complète réhabilita-
tion. C'est par ces efforts, par ces luttes, par cette
gymnastique perpétuelle de la vie politique, et uniquement par là, que le caractère national s'est graduellement épuré, relevé, fortifié.

Ce n'est pas l'esprit public qui a fondé les institutions de l'Angleterre, ce sont ces institutions qui ont
créé, maintenu et vingt fois sauvé, cet esprit public
qu'il vaudrait encore mieux imiter qu'admirer.

L'Angleterre moderne ne jouit guère que depuis
un siècle de la plénitude des libertés que sa constitution lui préparait. Par quelles luttes sanglantes, par
quelles longues éclipses, par quelles incertitudes cruelles
n'a-t-elle pas passé avant d'arriver à cette pleine et
paisible possession d'elle-même? Combien de fois,
depuis le roi Jean Sans-Terre jusqu'au roi Georges II,
l'Anglais honnête et patriote n'a-t-il pas dû douter
de l'avenir de son pays, de la victoire du droit, du
maintien de ses plus chères libertés? Ceux qui ont
persévéré, qui ont cru, qui ont espéré contre toute
espérance, ont fini par avoir raison. Mais ce n'a été
qu'à force de courage, de patience, et de foi robuste
au bon droit et au bon sens, qu'ils ont été justifiés, et
qu'ils sont entrés en jouissance de cette constitution
qui leur a coûté si cher, mais qui vaut tout ce qu'elle
a coûté, et qui a conquis l'admiration des esprits les
plus élevés et les plus divers, depuis Montesquieu
jusqu'au comte de Maistre.

Telle est la leçon suprême qu'offre la société anglaise à ceux qui sentent fléchir aujourd'hui leur foi
en la liberté, leur estime du gouvernement tempéré.
Telle est aussi la consolation qu'y doivent puiser ceux

qui préfèrent la fière et patiente résignation de la défaite à une déshonorante complicité avec le triomphe de ce qu'ils ont toute leur vie combattu ou méprisé.

Eclairés par de si grands exemples, sachons accepter l'humiliation provisoire de la liberté, comme un châtiment mérité de l'ingratitude, de la légèreté, de l'esprit de discorde et d'indiscipline qui ont accompagné parmi nous ses premiers bienfaits. Mais continuons à croire en elle et à conquérir par l'épreuve, pour nous ou pour notre postérité, les mérites qui nous ont manqué. Nous marchons dans la nuit, mais sur un chemin qui nous est connu, où nous pouvons à la fois nous souvenir du jour et l'attendre. Les éclipses n'étonnent que les enfants et n'effrayent que les sauvages. Sachons les traverser la tête haute et le cœur tranquille. Poursuivons de ce *triste et intrépide regard* dont parle Bossuet, les jeux et les insultes de la fortune adverse,

*Donec fortunam criminis pudeat sui.*

Tenons tête au scepticisme comme au fanatisme, à ceux qui professent l'indifférence en matière politique, comme à ceux qui prêchent la proscription de toute garantie et de toute indépendance. Au-dessous de notre foi aux vérités divines et à l'autorité infaillible, gardons aussi la foi aux nobles instincts de notre jeunesse, à ces principes de liberté, de justice et d'honneur qui font seuls ici-bas la force et la dignité du moindre citoyen comme des plus grandes nations. Au milieu des découragements, des hésitations, des apostasies qui nous assiégent, que du moins notre voix et notre vie restent d'accord avec notre passé: *Manet immota fides.*

www.ingramcontent.com/pod-product-compliance
Ingram Content Group UK Ltd.
Pitfield, Milton Keynes, MK11 3LW, UK
UKHW042147280225
455719UK00001B/159